# 思想としてのペダゴジー

## 普通教育・人間の教育・主権者教育を論じる

鈴木 剛

# はしがき

よく知られるように、フランスの社会学者エミール・デュルケーム（一八五八〜一九一七）は、教育を対象とする〈知〉を三つに区分した。純粋科学としての「教育科学（science de l'éducation）」と、教育技術としての「教師の手腕（savoir-faire）」と、そして、その中間にある「ペダゴジー＝教育学（pédagogie）」とに――。〈中間〉に位置づけられることで、その〈知〉＝「理論」の実践的特質が強調されたのである。デュルケームがソルボンヌ大学で「道徳教育（l'éducation morale）」を講じた際、自分はその講義を「ペダゴーグ（pédagogue）＝教育者」として行うのだと前置きして、「ペダゴジー」の実践的性格を再確認している。おそらくその意図は、第三共和政下の学校教育、フランスの世俗化された公教育の発展に、自らの理論（＝新しい学問としてのペダゴジー）が奉仕することを期待してのことであった。その点は想像に難くない。このようにペダゴジーは、近代＝現代公教育の制度的な刻印を帯びることになった。

しかし、いや、それだからというべきか、「ペダゴジー」は、教育学研究の世界では、「近代」教育制度のもつ人間疎外的な側面を指摘する視点から、むしろ批判的に眺められる傾向が強い。例えば、『ペダゴジーの誕生――アメリカにおける教育の言説とテクノロジー』（田中智志編著、多賀出版、一九九九年）は、アメリカ公教育の成立に至る歴史の中でのペダゴジーの概念的系譜を詳細に論じている。また、『大人と子供の関係史序説――教育学と歴史的方法』（宮澤康人、柏書房、一九九八年）は、ペダゴジーを、その基本性格（＝「教師、教育主体の側の術および学」）からアンチ・ペダゴジーとしての「子供学（paedology）」

までを視界に入れ、〈教育関係論〉の探求として、徹底的に「ペダゴジー」を相対化する。本来であれば、それらの研究を踏まえた本格的な〈ペダゴジー論〉が必要であるに違いない。

本書はしかし、それを直接の課題とするものではなく、「普通教育」「人間の教育」「主権者教育」という三つのキーワードを重要な構成概念にして、「大人」と「子ども」の世代間関係の営為として「教育」を捉え、論じるものである。なお、ここではこのような〈教育〉を単純に「子どもの教育」と言い換えてもよい。

そうした了解の下に、本書では「ペダゴジー（pedagogy）＝教育（学）」という（英）語を、「子どもの教育」についての実践と学問（学知）の双方を指して使用する。著者としては、むしろこの概念のギリシャ語起源＝「子供を導く人（pais）＋（agōgos）」としての「パイダゴーゴス＝教育奴隷」に由来する「ペダゴジー」の含意にメリットを求めたい。すなわち、「世代間関係の営為としての教育」≒「子どもの教育」を原理的に把握しうる意義を認め、そこに依拠しつつ議論を進めたい。それは、学校教育には限定されない、「子ども世代」と「世代間関係」にかかわる実践的な〈学知〉、あるいは、「世代と教育」について探求する〈思想〉ないし〈思想の運動〉として〈ペダゴジー〉を構想することでもある。同じく古代ギリシャに発し「西欧近代」において形成された「民主主義」（デモクラシー）が「思想（運動）」としての「価値」をもつように、〈ペダゴジー〉もまた、有用な思想的価値をもちうるだろうと著者は考えるのである。本書のタイトルを〈思想としてのペダゴジー〉とした所以である。

*

本書は、二〇一二年に刊行された拙著『ペダゴジーの探究――教育の思想を鍛える十四章』の続編ないしは姉妹編という性格をもっている。前書を著してから一〇年が経ったが、この一〇年間においてでさえ、この世界は急速に変化が加速している、という実感が伴う。あの時、私たちは、東日本大震災、津波と東京電力原発事故によるフクシマの惨劇を体験し、次のように自問したはずであった。天災と人災の複合被害によって根底から揺り動かされたこの世界が、もしもその先この〈惨劇〉以上の変化を被ったとき、私たちにはそれを受け止める余力があるのだろうか、と。あの出来事を契機に、世界と歴史の局面、未来への風景は、すっかり変貌してしまったという実感が私にはあった。

だがそれから年を経ずして、covit–19のパンデミックが世界を襲う新たな局面に、私たちはいま直面している。この間に進んだ世界的な共通の認識とは、何なのだろうか。それは、地球環境自体の有限性であり、それは資本主義という政治・経済体制そのものへのオールタナティブが人々のあいだでまともに議論される状況を生んでいるということだ。その現象は、新自由主義の破綻と、それでもなお、そのグローバルな体制を継続しようとする支配的な流れへの、世界的な〈抗い〉でもある。人々は何かを感じ始め、何かを動かそうとし始めているのではないか。そうした胎動の基底には、「世代間不平等」に対する徐々に広がる認識の膾炙という問題もある。それに止まらず、「人新世（Anthropocene）」の時代にあって、「私たちは、まだ生まれていない未来の世代を脅かす力をもっている。」（『ハンス・ヨナス　未来への責任――やがて来たる子どもたちのための倫理学』戸田洋志、慶應義塾大学出版会、二〇二一年）とする認識もまた拡がっている。

本書『思想としてのペダゴジー――普通教育・人間の教育・主権者教育を論じる』は、こうした世界の動向と歴史の局面にあって、かつてない「世代間不平等」という現実を〈教育〉思想の基底において意識しつつ、普通教育、人間の教育、主権者教育という三つのテーマの有機的な論脈の纏まりを探求する試みであるといえる。現時点では、その論説提示の不十分さは否めないのではあるが、各章の主題に即して検討がなされている。第1章は、本書の全体的な問題意識を開示する序論的な位置づけとなっている。特に「子ども」と「大人」の世代間関係の問題を近代の教育思想を超えるものとしてのジャン＝ジャック・ルソーによる問題設定に定位して、現代にも通じる「普通教育」概念の重要性を提起している。第2章以降においては、「世代と教育」をめぐる諸論点を深めるべく原理的な考察が配置されている。

そして、特に第6章、第7章については、時事問題的ないし政策批判的な内容になっており、前の諸章の原理的考察とは幾分異なるニュアンスをもつが、先に述べた〈思想としてのペダゴジー〉という観点から、現在のわが国の公教育における危機的な局面を私なりに理解しようとしたものである。「改憲」と「新自由主義」という二つのタームによって象徴される今日の情況が、著者の問題意識の背景にある。これらの章では、主権者教育（論）の現状批判――その歴史的思考の欠落――、子どもの学力形成における階層格差の拡大と教育改革の方向が論じられているが、その中で「普通教育」の概念的な深化の必要性が主張されている。併せて「補論」もご覧いただければ幸いである。

# 目次

## 第4章「大人」と「子ども」―「偉い」ということの意味



## 第5章「法の人」としての「子ども」と〈世代の自治〉

# 第1章

# ルソーの教育哲学と「普通教育」

## ——現代教育の必須アイテムを探る

とりとめのないことを追っかけまわさないようにするために、人間の条件にふさわしいことを忘れないようにしよう。人類は万物の秩序のうちにその地位をしめている。子どもは人間生活の秩序のうちにその地位をしめている。人間を人間として考え、子どもを子どもとして考えなければならない。それぞれの者にその地位をあたえ、かれらをそこに密着させて考え、人間の情念を人間の構造にしたがって秩序づけること、これが人間の幸福のためにわたしたちができることのすべてだ。その外のことは外部の原因に依存していて、わたしたちの力ではどうすることもできない。

（『エミール』上・103頁[1]）

# はじめに

どんなに時代が変わっても、子どもが大人になることの〈法則〉が働いている。この〈法則〉に合わせ、「人間という身分」を現実化しようとする試み、すなわち、教育に何ができるかを考察するため、『エミール』（*Émile ou de l'éducation, 1762*）は書かれた。子どもが将来において「人間という身分（地位）」を生きることの意義を説きつつ、ルソーは次のようにも書く。

両親の身分にふさわしいことをするまえに、人間としての生活をするように自然は命じている。生きること、それがわたしの生徒に教えたいと思っている職業だ。（……）自然の秩序のもとでは、人間はみな平等であって、その共通の天職は人間であること（l'état d'homme）[2]だ。だから、そのために教育された人は、人間に関係のあることならできないはずはない。（上・31頁）

わが国ではいま、「一億総活躍社会」から始まり、「働き方改革」「学び方改革」「生産性革命」など社会「改革」の言葉が舞っている。遂には「人づくり革命」である。「国土強靭化計画」というのもあった。しかし、「積極的平和主義」が「安全保障」という名の戦争準備であるように、「人づくり革命」とは教育の公共性の解体と変質に他ならない。もし教育が〈人づくり〉なのだというなら、〈人づくり〉と〈革命〉とを本気に考えた人として、一八世紀の思想家ジャン・ジャック・ルソーの名は無視できまい。その哲学は、〈教育〉を「人間をつくる技術（l'art de former des hommes）」として考察し、社会革命を政治思想の根本から考究するものであった。現代日本の政治と政策の「言葉の軽さ」を何と考えればよいのか。それを知るためにもルソーの教育哲学から学ぶことは有益である。そしてまた日本国憲法と一体的につくられた教育基本法が、その前文において「人間の育成」という教育理念を銘記することとなった事実を忘れてはならない。「個人の尊厳を重んじ、真理と平和を希求する人間の育成」である。[3]

以下では、「人間という身分（l'état d'homme）」に価値を置くルソーの古典と現代とを繋ぎながら、今日における「教育の必須アイテム」を探ろう。「普通教育」というタームにたどり着きたいと思うのだが、少し寄り道をしなければならない。

# I ルソーとはどんな人であったか、そして『エミール』が今日注目される理由は何か

## 一・現代の危機的様相について――映画『バベルの学校』のシーンから考えること

地球規模で不安と苦しみの増大する情況を、そして、不確かな未来への予感を、同時代を生きる子どもたちも感じているように思われる。危機感の背景には地球環境の危機があり、そして戦争とテロもある。その問題の直接・間接の要因、歴史的背景には民族・宗教対立があり、国民国家の溶解があり、西欧近代の価値と一体的に展開してきた資本主義経済のグローバル化とその崩壊の兆しがある。そして歴史の終末を暗示する事態、ひいては気候変動をもたらした人間活動に起因する人類と地球環境そのものの存続危機がある。

二つの世界大戦・帝国主義戦争と植民地主義支配の傷跡から、今日の惨劇が噴出していることも無視できない。戦争を常態とした武器商人の資本主義の展開を私たちは今も目の当たりにしている。「国家元首」が武器商人を引き連れ、他国に「外交」と称して武器輸出（原発や核兵器さえ）に行き来するその現実を、メディアは当然のことのように報じている。言うまでもなくこれは他国の例ではない。軍需産業なしの、原発と核兵器開発なしの世界の方途はないのだろうか、戦争とテロの悪循環から私たちは抜け出せないのだろうか。

ルソーの生きた国、フランスの現代を映し出す映画『バベルの学校』（*La Cour de Babel, 2013*）の冒頭は、「アッサーム・アッライクム」という言葉をめぐる教室の子どもたちの言い争いから始まる。この言葉は、挨拶のコトバでありながら、たんなる挨拶にはとどまらないという、人間の内面や価値観、アイデンティティに関わる問題を孕んでおり、「適応学級」の同級生たち――宗教的な民族的な違いを持ったいろいろな国から来た移民の子どもたち――は、それ故に言い争いになるのだった。今日のフランス社会は、直面する公教育の喫緊の政策として「適応学級」(classes d'accueil)[4]がある。イスラム教徒を人口の一〇パーセントにまで抱えた、「ライシテ(laïcité)[5]」を国是とするカトリック社会であるフランス――。もはや「戦争状態にある」ことをそのテロ体験から認めるヨーロッパのこの国で、社会の安寧はどのような形で保たれるのだろうか。少なくともこの国では、国民統合と個人としての市民の形成を掲げた民主主義という理想の下に「共和国の不可分性」を憲法に謳っている。その実現の方途がいかにあり得るのか、日本社会の在り様を考えるためにも、そのことに無関心ではいられない。

ところで、この映画の冒頭シーンは一見するところ、本論の主題である近代の思想家ルソーの思想の圏外にあるかに見える。一体、ルソーと何の関係があるのだろうか?

## 二．戦後日本におけるルソー研究のパラダイムを踏まえて

ルソー研究、ルソーの思想解釈には時代の問題意識が反映している。その様相を手掛かりに課題に接近したい。現代とルソーとを繋ぐための「補助線」となるはずだ。ここでは、戦後のわが国のルソー研究に限定してではあるが、通時的に特徴を見ておきたい。凡そ三〇年ごと三期に、それは区分できる。代表的ないし象徴的な出版物を挙げて、その時代のルソー研究の背景にある問題意識を対応させておく。

**第一期**

一九五一年、桑原武夫編・京都大学人文科学研究所『ルソー研究』、岩波書店。

——戦後日本をいかに構想するか—戦後日本の民主主義をいかに考え実現するのか——

**第二期**

一九七八年、『思想』(特集ルソー/ヴォルテール)、岩波書店。

一九七九年、『現代思想』(総特集:ルソー——ロマン主義とは何か)臨時増刊一二月号。

一九七九-八九年、『ルソー全集』、白水社、全一四巻(+別巻二)刊行。

——大学紛争の終焉と民主主義の問い直し、または冷戦終結からソ連崩壊への兆候、そして文明や進歩への不信——

**第三期**

二〇〇九年、『思想』(特集ジャン=ジャック・ルソー問題の現在——作品の臨界をめぐって)、岩波書店。

二〇一二年、『現代思想』(特集ルソー:「起源」への問い)一〇月号。

——グローバリズムの展開と、その崩壊の兆候の下で、近代のルソーの思想に有効性はあるのか? という疑問——。例えば、ルソー的「主権」概念の「古めかしさ」、国民国家の枠組みの思想の限界という指摘などがなされている。

また、ルソー生誕三〇〇年をきっかけに出されている、以下の出版物を挙げておく。

・永見文雄、三浦信孝、川出良枝編『ルソーと近代――ルソーの回帰・ルソーへの回帰』（ジャン＝ジャック・ルソー生誕三〇〇周年記念国際シンポジウム）、風行社、二〇一四年。
・ブリュノ・ベルナルディ著、三浦信孝他訳『ジャン＝ジャック・ルソーの政治哲学――一般意志・人民主権・共和国』、勁草書房、二〇一四年。
・永見文雄『ジャン＝ジャック・ルソー――自己充足の哲学』、勁草書房、二〇一二年。
・西研、NHKテキスト『100分de名著――ルソー エミール：「子」を育むということ』二〇一六年六月。

以上に見られる特徴は、ルソーの思想・哲学の今日的有効性を改めて検証し直し、その思想のもつ多面性と統一性を再評価していることであろう。改めてルソーの現代的な意義が問い直されている。

## 三．パンテオンに祀られるジュネーブ市民、「人間という身分」を追究する思想家

さて、話はルソー没後のフランス革命時代に遡る。革命後の一七九四年、国民公会の決定によりルソーの遺骸はパンテオンに移されることになる。民主主義者とも同時に全体主義者とも、後の世はルソーその人の評価を分かつことになる。彼はフランス人ではない。敢えて言えばジュネーブ市民であろうとし、どの「階級」にも属そうとはしなかった[6]。その点はルソーの思想の固有性を生み出し、特異性

を表す条件でもある。そしてこの「矛盾する思想家」は、いかなる特定のジャンルにも属さぬ作家・思想家としても特徴的である。音楽家・作曲家、小説家、家庭教師、人民主権論者、社会革命思想の先駆者、自伝作家の魁、植物学者…そして、近代教育思想の頂点にある思想家として位置づけ直される。

『現代思想』（二〇一二年）所収の「なぜ、ジャン＝ジャックは我等の最良の友なのか」[7]（関曠野 論文）は、「人間という身分」の追究者としてのルソーを評価し、とりわけ著作『エミール』のもつ独自の意義について、再評価の必要を主張している。関に倣ってここでは、「人間という身分」を追究する思想家としてルソーを概念化しておくが、そうした概念化を行い得る背景理解についての関の問題提起の要点を以下にメモしておこう。その主張内容は、先行するルソー解釈への歯に衣着せぬ痛烈な批判ともなっている。

論点の第一は、未完の書、『政治制度論』[8]と『感覚的道徳あるいは賢者の唯物論』[9]の「存在」である。「すべては根本において政治につながっている。」とルソーは『告白』第九巻に書いた。それは、『政治制度論』を構想していた問題意識である。一七四三年、ルソーは三一歳。ベネチアでのフランス大使秘書官時代に遡る。この政治体験を経た志向性はすでに彼の「人間の理論」（ルソー）をも要請しており、『感覚的道徳あるいは賢者の唯物論』は「政治の理論」と一体的なものとして著作計画が持たれていた。だがその計画は放棄されたという点の確認である。このことは、「人間の理論」または「人間としての身分」の解明へのルソー的な発想の起点として重要である。

第二には、一八世紀ベストセラーとしての恋愛小説『新エロイーズ』（一七六一年）の意義についてである。本著作は一八〇〇年までに約七〇もの版を重ねた当代の大ベストセラーであり、彼は読者からのファンレターが殺到する史上最初の小説家だった。[10] 小説または小説家というジャンルの特性からして、啓蒙思想家と聖職者、つまり哲学と宗教の双方のドグマから距離をとったルソーの「人間の理論」研究の新しさがある。「新エロイーズ」は後に付されたルソーの副題であり、本来は『ジュリ（*Julie*）』という著作である。後に指摘されるようなルソーのドイツ的解釈、カント～カッシーラーといった新カント派的解釈潮流への批判根拠もここに存在している。「だがカントはおそらく『新エロイーズ』は読んでいないし、読んだとしてもエロ小説とみなしたことだろう。[11]」と、関の文章は辛辣である。

第三には、ルソー理論の継承に関わる評価の在り方についてである。確かに社会科学における理論継承の視角からすれば、一方には「ルソー～カント～ヘーゲル（国法論への回収）」という問題系があり、他方には、「ルソー～マルクス～レーニン（階級闘争理論への回収）」という問題系がある。それら双方の解釈継承に孕まれる問題性＝欠陥の指摘である。前者についていえば、「…カントが始めたルソー像の偽造をヘーゲルが完成させた。[12]」と喝破する関は、続けて「ヘーゲルはカントを下敷きにルソーを恐怖政治をもたらしたジャコバン派の主観主義と同一視し、それをナポレオン的国家理性の客観性の中に『止揚』する。[13]」と説く。言うまでもなく、『社会契約論』をこうしたヘーゲル的国法論へと回収する方向に対し、『社会契約論』は革命の書であり、フランス市民革命へと導いたとするルソー解釈は、マルクス〜レーニンの階級闘争論へと回収されることになるだろう。

最後に、第四には、フランス革命へのルソーの影響に関する誤認を指摘する点だ。詳細は省くが、少なくともルソーがフランス革命を導いたというステロタイプは、ルソー自身の理論と思想を歪めることになるだろう。ルソーが共和主義者か全体主義者かといった解釈の振幅の大きさを招く理由も、上述のルソー解釈の問題状況と関連している。共和国フランスが、ジャコバン派国民公会が、ジュネーブ市民ルソーをパンテオンに祀ったことの意味が改めて問い直される点に繋がっている。当然、そこから改めて『エミール』という作品の意義の大きさ、そのテキストの読み方という問題に現代の私たちを注目させることになる。『社会契約論』ではなく『エミール』こそが、むしろ変革の書であると説く以下のような関の議論に関連してくる問題である。

『社会契約論』が、「各国の実定法秩序における権力行使の正当性を測る尺度 échelle として提出されたもの[14]」に過ぎないのに対し、『エミール』は、「児童教育のマニュアルではなく、弱者のための抵抗と防御の戦略を開示した書である」。なぜか。それは、ルソーにとって人類社会とは、権力の濫用と不正を常態とするのであるから、「社会を形成しながら自然人のままという文明の矛盾を個人のレベルで解消する[15]」という設定の下で「抵抗と防御の戦略」を立てることが不可避となる。それが、社会変革のプログラムの意味だ。関は次のようにさえ述べるのだ。「だからエミールの教師は予防としての教育に専念する。長ずればエミールは抵抗し防御する人民を率いる人間になるだろう。[16]」と。

## II　『エミール』をどう読むか

### 一・「自分のため」に生き、かつ「みんなのため」に生きる、自由な人間を育てるために

社会変革のプログラムとして『エミール』が位置づけられる根拠はそれとして理解されたが、それでも一方では『エミール』と『社会契約論』との一体性という点が、私たちのルソー理解にとって重要である。それは吉岡知哉『ジャン＝ジャック・ルソー論』（一九八八年）が指摘するように、ルソー自身のその点への自覚的論及[17]のみならず、両著作に共通する方法意識、すなわち教育論と政治論双方における独自の〈偏差〉の活用という問題である。『社会契約論』では「あるがままの人間」と「ありうる姿の法」との〈偏差〉を、そして『エミール』では文明と制度の歴史的所産である「人間社会の常態」（あるがままの社会）と「抽象的人間（エミール）」（ありうる姿の人間）との〈偏差〉[18]が、叙述の前提として周到に設定されており、ともにそれが教育と政治という困難なart（業《わざ》・技術・人為）の論理を生み出す根拠となっているのである。

『社会契約論』が社会を論じ、『エミール』が人間（子ども）を論じる書物だという表層的な理解に立てば、一見真逆のように思われる対応関係がそこに理解できる。というのも、二つの著作は、以下に示

すようにその特徴として、「社会」と「人間」とを逆照射する関係にあるといえるからである。吉岡は、「立法者」と「教師」という存在が有する「社会と人間と媒介者」としての役割に論及しつつ、次のように指摘している。

「このことから理解されることは、『社会契約論』は社会契約によって形成される共同体を扱いながら、何よりも現実の人間の問題を提出しているのであり、『エミール』はエミールの成長を扱いながら、何よりも現実の社会構造を浮き彫りにしているという点である。[19]」（強調は鈴木）と。

すなわち、社会・政治を問う書が「人間」を、「人間（子ども）」を問う書が「社会」をこそ批判的に問い直すという、交叉的な構造がそこには見出されるのである。

ここに、一七六二年という同じ年に出版された『エミール』と『社会契約論』とを一体的に読むという作業の重要性が確認されるのだが、こうした読解と解説の試みの一つをさらにNHKテキスト『100分de名著――ルソー　エミール：「子」を育むということ』（西研、二〇一六年）から紹介しよう。西は、「『自分のため』に生き、かつ『みんなのため』に生きる、自由な人間を育てる」ことが、ルソーの思想の核心だと平易に解説している。[20]

自立した個人の連合でもなく、公共のために個人が国家に絡めとられるのでもなく――、言い換えると、ジョン・ロックに代表される近代的個人主義でもなく、ヘーゲル的な国家理性に回収される自由でもない、そうした自由や民主主義の追求がありうる。ルソーの思想は、その意味で近代を超えているといってよい。

西も説くように、「みんなが欲すること」としての「一般意志」――、この「一般意志の最高指揮」こそが、ルソー的な意味での法の正当性の根源をなし、人民の主権の意味である。他方、「個別意志」の集計が、「全体意志」として（少数派を犠牲にして）多数派による正当性を主張する場合があるが、これは決して「一般意志」とはいえない。ルソーにとって、あくまで法とは「一般意志」の具体化であることが求められた。ここから個別の法が「一般意志」に適っているかどうか、これを判断しうる能力を備えた市民の形成が課題となるのである。それは、道徳的にも自由な人間、言い換えれば、良心に従って生きる人間（その集合体が「主権者」）を要請し、教育の目標＝

**『エミール』の構成**

| | 扱う時期 | 発達段階 | |
|---|---|---|---|
| 第一期 | 乳幼児期<br>0歳から1歳頃 | 快不快 | 自分のために生きる人間に育てる |
| 第二期 | 児童期・少年前期<br>1歳頃から12歳頃 | 感覚・知覚 | |
| 第三期 | 少年後期<br>12歳頃から15歳 | 好奇心・用不用 | |
| 第四期 | 思春期・青年期<br>15歳から20歳 | 理性・道徳 | 他者に対する思いやりや共感能力を育てる |
| 第五期 | 青年期<br>最後の時期<br>20歳以降 | 幸福・徳 | |

『エミール』の課題とされたのであった。

ではここで、『エミール』の叙述内容についてふれておこう。『エミール』は、人間の成長発達段階に即し、以下のような子どもの年齢区分に対応した五部構成をとっている。上記の西のまとめを借りてその図式を示すと、これは今日の発達心理学の観察とほぼ一致するということがわかる。

私たち人間が、習慣や臆見によって（広義の意味で制度や文明によって）変質を蒙る以前の状態をルソーは「自然」と呼ぶ。だから感官を持ち、感覚能力を持って生まれる人間の成長は、そうした変化を遂げる前には「自然」にもとづく感性に従って成し遂げられる。それを大まかにルソーは、快か不快か（agréables ou déplaisantes）、適当か不適当か（convenance ou disconvenance）、そして、理性的段階に到達した後は、幸福または完全性の観念（l' idée de bonheur ou de perfection）が下す判断によって進展して行く過程とみなしている。[21] そして、子どもにとってのいわば実存意識に即して表現すれば、次のようなルソー自身の表現による発達区分が可能だろう。前頁の図表に照らして見てもらいたい。

**第一期**：「かれは生きている。しかし、自分が生きていることを知らない。」（上・96頁）

**第二期**：「本来の意味では、ここで幼年時代は終わっている。」「ものを言いはじめると子どもは泣くことが少なくなる。」（上・97頁）

**第三期**：「…力の発達が欲望の発達を追い越して、まだ完全に無力ではあるが、成長しつつある生物が

相対的に強くなる時期がある。」「人間としてはきわめて弱い存在だが、子どもとしてはきわめて強い存在。」（上・283頁）

**第四期**：「危機の時代」「わたしたちは、いわば、二回この世に生まれる。一回目は存在するために、二回目は生きるために。はじめは人間に生まれ、つぎに男性か女性に生まれる。」（中・5頁）

**第五期**：二二歳～

## 二．「人間の条件の研究」として「子どもの発見」（通説）をとらえ返す

教育学の分野では、二〇世紀初頭の新教育運動や発達心理学の学問的深化、教育思想研究の進展のなかで、「子どもの発見の書」[22]として『エミール』の評価が定着してきた歴史があるが、今日改めて先に言及した「人間という身分」のルソー的真意を検証する意味は大きいと思われる。くり返し引用しよう。

自然の秩序のもとでは、人間はみな平等であって、その共通の天職は人間であることだ。だから、そのために教育された人は、人間に関係のあることならできないはずはない。わたしの生徒を、将来、軍人にしようと、僧侶にしようと、法律家にしようと、それはわたしにはどうでもいいことだ。

両親の身分にふさわしいことをするまえに、人間としての生活をするように自然は命じている。生きること、それがわたしの生徒に教えたいと思っている職業だ。……わたしたちがほんとうに研究しなければならないのは人間の条件の研究である。（上・31頁）

ルソーにとっては、子どもが大人になる、人間になるために何が必要なのか――、言い換えれば、「人間の条件」を教育という営みにおいて発見することが重要なのだった。すなわち、学者または様々な職業や身分や階級（民族や性別や国民）に適用されるのではない、「普通の人間」に遍く求められる教育の原則ないし〈法則〉が問題なのだった。その意味で、「人間という天職」「人間という身分」を取り戻すためのプロジェクトこそ、『エミール』には課せられていたといえる。

ところですでに、「私が語らなくてはならないのは、人間についてである。[23]」と、『人間不平等起源論』の本文の冒頭に言い放つルソーにおいては、このように「人間という身分」に関する基本命題は提出されていたのだが、七年の後に『エミール』（教育論）という枠組みにおいて体系的な「人間形成」論が成立したことの意味は決定的である。

『不平等論』序文冒頭においてルソーは言う。「およそ人間がもつ知識の中で、もっとも有益でありながら、もっともたちおくれているのが、人間に関する知識であると思われる。[24]」と。

そして他方で教育論は言う。「人は子どもというものを知らない。子どもについてまちがった観念をもっているので、議論を進めれば進めるほど迷路にはいりこむ」（上・18頁）と。

「人間」と「子ども」とを意識的に対比し論じるのが、ルソーの論法である。「条件的仮説的推論[25]」というルソー的思考実験である人類史の遡行作業によって、ルソー的「人間論」は『不平等論』においてその思想の基本的土台を形成し終えたのだが、今度はその「人間」の形成論への発展が教育論とされたのであった。この人間論から人間形成＝教育論へのルソーにおける飛躍の思想の運動、言い換えれば、「子どもの発見」を含意しもする「人間の条件の研究」としての教育論への思想的転回が、そこには存在したのだと言えよう。だからルソーは書くだろう。

> 人類は万物の秩序のうちにその秩序をしめている。子どもは人間生活の秩序のうちにその地位をしめている。人間を人間として考え、子どもを子どもとして考えなければならない。（上・１０３頁）

ところで、「人間」をつくる教育は、「哲学者」をはじめとする、いわば特殊な諸個人をつくる教育とは区別されている点に注意したい。この〈区別〉について強く意識された叙述はどのようなものか。

> わたしはくりかえし言おう。人間の教育は誕生とともにはじまる。話をするまえに、人の言うことを聞きわけるまえに、人間はすでに学びはじめている。経験は授業に先だつ。…人間の学問を二つの

部分に分けてみるとしたら、一方はあらゆる人間に共通のもの、他方は学者に特有のものに分けてみるとしたら、後者は前者にくらべてほとんど言うにたりないものになるにちがいない。（上・71頁）

「あらゆる人間に共通なもの」としての教育、すなわち「人間の身分」にかかわる教育を、個々の教育の特殊性と区別してみせることで、ルソーは「人間の条件」の研究の意義をくり返し強調する。そしてそれは以下の断定に至るのである。

子どもに教える学問は一つしかない。それは人間の義務を教えることだ。この学問は単一の学問だ。（上・51頁）

この断定の前提になっているものが、『人間不平等起源論』序文における次の叙述である。「こうして考えると、人間を人間にするのに先立って、人間を哲学者にする必要など少しもない[26]」。それは、上述の『エミール』における「二つの学問」の区別とその上に立った「人間の義務」というルソーの主張の根拠の提示として重要である。それはまた、人間の自然的善性の根拠である「理性に先立つ二つの原理」としての「自己愛」と「憐みの情」という二種類の情念のもつ人間の生来的可能性への論及であり、結局ルソーがその教育論の目標とする、これらの情念と善性を保持した人間の実現という目標に対応しているものである。哲学者でなく人間を、特殊な諸個人ではなく「普通の人間」に共通する「義務」こそが語られているのである。比較の視点から、次の文章を読んでほしい。

だから、わたしたちのひとりひとりがふつうの程度の悟性に到達するための最初の出発点はわかっている、あるいは、知ることができる。しかし、もう一方の極をだれが知っていよう。人はその天分、趣味、要求、才能、熱意、そしてそれらを発揮できる機会に応じて、多かれ少なかれ進歩する。（上・70頁）

## 三．「弱い」存在の幸福と「道徳的自由」

先に示した子どもの成長段階図式が、ルソーの人間形成プログラムの進行表だと言える。「消極教育（éducation négative）」[27]（社会的偏見、制度の悪弊から子どもを守る）の原則を下敷きにして、主人公エミールが、子ども（人間）の本性として〈物理的存在～社会的存在～道徳的存在〉へと自己を発展させてゆく行程表が示されている。その基底にあるとりわけ重要な論点、あるいはルソーの哲学の固有な論点を提示しておきたい。

一つは、人間が「弱い」存在、あるいは「受苦的（passive）存在」[28]であるということであり、また、視点を変えれば、それは現実には、今日の教育に求められるケアの思想の問題圏にある私たち自身の課題なのである。自立した強い諸個人の関係性を前提としない、ケアし合うことの可能な関係論理をそれは導く。もう一つは、それと深く関連することになるが、「道徳的自由」と他者への共感能力という問題である。

## 「原初的な人間」の設定と「制限された自由」のなかで幸福に生きる存在――理性に先立つ、二つの原理

まず、第一に、ルソーの強みは「自然人」というルソー固有の概念を提出しえたことにあるという点だ。しかし、「自然人」と聞くと、われわれ日本人には野原を駆け回る「野生人（homme sauvage）」を連想しがちだが、「自然人（homme de la nature, homme naturel）」とは、「本来の人間」「生来の人間」「原初の人間」という意味なのだ。しかしこのコンセプトは当時、フランス当代の知的権威＝ヴォルテールからは「四足で歩きたくなる」と、大いに揶揄され、批判された「人間像」でもあった。

だが、この「自然の人間」の設定こそ、文明と社会制度をラディカルに相対化する思想のいわば「零度」[29]を確保しえた優れた理論設定であった。人間自然の本質に理性や良識あるいは社交性を〈密輸入〉することなく、「自己愛（amour de soi）」と「憐れみ（pitié）」を仮定し、この二つの情念（感情）の結合の仕方によって説明しきった点にこそ、ルソーの哲学の固有性がある。

実際、私が同胞に対して何らの悪をもしてはならない義務があるとしたら、それは彼が理性的存在であるからというよりは、むしろ感性的存在であるからだと思われる。（『人間不平等起源論』

一七五五年）

人間とは「自己愛」と「憐れみ」という二つの穏やかな情念の下で自己充足しうる、「制限された自由」[30]のなかで幸福でいられる存在であること、この点が重要なのだ。「自然状態」において人間は「弱い」存在でありながら、幸福な存在だったという理論仮説。重要なのは、「社会状態」においてその幸福を確保することであり、そのためには「人間の構造」（『エミール』）を変え、「人間たちの結合の仕方」（『社会契約論』）を変えるプログラムが必要となるという問題設定なのだった。

## 道徳的自由または「内面」の幸福、良心と宗教——他者との「違い」と「類似（同胞）」の承認

第二には、ルソーにとって「道徳的自由」こそ「人間としての身分」に相応する価値である、という点である。「『憐れみ』を人類にまで伸ばす[31]」こと、それは他者への共感が「人間の弱さ」の自覚ゆえに可能になることがらなのだ、と西は説いている。こうした点の延長として、青年期（『エミール』第四編）一五歳のエミールはようやく人間の「内面」について対峙し、神の存在と人間の自由について問い、信仰と良心について考える始めることになる。人はどう生きるかについての根本指針を自らに求めることになるだろう。

「サヴォアの助任司祭の信仰告白」という長い文章が『エミール』第四編には挿入されているが、そ

こでルソーは、「理神論」の立場に立って、宗教的不寛容を批判することになる。「理神論」とは、世界の創造者としての神を認め、人格的な意志の発動者としての神を認めず、摂理・恩寵・啓示を認めない、ある意味での理性宗教を意味する。あるいは自然宗教のことをさす。他者の理解に関して、「憐れみ」を「人類」にまで伸ばすとして、ルソーの課題を引き取る西が引用する二つのフレーズを紹介しよう。

人間を社会的にするのはかれの弱さだ。わたしたちの心に人間愛を感じさせるのはわたしたちの共通のみじめさなのだ。(中・32頁)

同情は快い。悩んでいる人の地位に自分をおいて、しかもその人のように自分は苦しんでいないという喜びを感じさせるからだ。(中・34頁)

ここで、『バベルの学校』のシーンを思い出してほしい。移民や難民の子どもたちの言い争いの場面を、である。この映画の基調には、人間あるいは文化・宗教・人種・民族の「違い」と人間としての「類似(同胞)」という主題があったが、そこに見出すべきは「人間という身分」と「人間としての義務」(人権が成り立つ条件として)というルソー的な問題設定ではなかろうか。それは「人間の義務」を支える「道徳的自由」の実現の問題であり、今日においても通用する主権者教育・市民性育成教育論の前提として認識しておくべき点なのだと思われる。

# III　ルソーの教育哲学から学ぶ——現代教育の必須アイテムは何か

## 一・制度・人間・教育という視角から

「人間という身分」のための教育について、「制度と人間と教育」のかかわりという視角から言及しておく必要がある。というのも、人間は、制度によってつくられる存在であり、制度なしに生きられない存在であるからだ。しかし制度とは、人間を悪へも導くし、善にも寄与しうる。その意味で両義的なのである。言語や規範を含む広義の「制度」を拠り所にして、人間は形づくられるほかない。ところが、その中で今を生き、また、生きようとする人間の「制度」が、人間（子ども）に悪の刻印を押すとなれば、私たちはそれを回避する道を探らねばならない。（可能ならば、その制度自体を変えねばならないが…）ルソーは次のように書いて、私たちに問いかけている。

わたしたちの知恵と称するものはすべて卑屈な偏見にすぎない。わたしたちの習慣というものはすべて屈従と拘束にすぎない。社会人（homme civil）は奴隷状態のうちに生まれ、生き、死んでいく。生まれると産衣にくるまれる。死ぬと棺桶にいれられる。人間の形をしているあいだは、社会制度にしばられている。（上・33頁）

現代の思想家イリイッチの言[32]のごとく、ルソーは産業社会段階の制度依存の私たちの姿を描いている。「社会人[33]」とは、病院・学校・モータリゼーションに依存しながら生きる、現代の私たちのことに他ならない。ところで、『エミール』と『社会契約論』は、人間が初めに出会う制度をどのようにイメージしているのだろうか。

万物の手をはなれるときすべてはよいものであるが、人間の手にうつるとすべてが悪くなる。（『エミール』一七六二年）

人間は自由なものとして生まれた。しかもいたるところで鎖につながれている。（『社会契約論』一七六二年）

「人間の手」としての制度、人間を「鎖につなぐ」ものとしての社会制度、このような表象として社会＝制度は描かれている。自由に生まれたはずの、神に創造された善き者としての人間が、「悪く」ならないための業《わざ》＝作為（art）こそ、ここでは制度に抗して構築される「教育の砦」に他ならないといえる。そしてまた、「鎖につながれている」人間たちは、かれら自身の「結合の仕方を変える」ことによって、「各人が自由であるように強制される」形式を見出さねばならない。この後者の業＝作為（art）こそ、政治（契約）ということになる。だが先述の関によれば、『社会契約論』は社会変革のプログラムではない。変革という問題を提起しているのは唯一、教育論『エミール』であったというのである。したがって…

教育はひとつの技術（art）であるとしても、その成功はほとんど望みないと言っていい。（上・25頁）[34]

とルソー自身が書くとしても、教育論『エミール』は、「消極教育」を通じた変革のプログラムを担うことになる。既に社会を形成してしまった人類にとって――『人間不平等起原論』（一七五五年）においてルソーは、「自己完成能力（perfectibilité）」の両義性を開示しているのだが――、「社会状態」に生きようとする「自然人」（生来の人間）には、その「人間の構造を変える」こと、「人間の情念を人間の構造にしたがって秩序づけること」（上・１０３頁）が可能性として要請されたのであり、そうした「社会に生きる自然人」という新たな人間像を、『エミール』に書き込む必要に迫られたのだった。「抽象的な人間」、「人間でも市民でもあるような人間」、「たぐいまれな人間」、「理性的な存在」などの用語でそれは示された。

以上のように、ルソーの「人間としての身分」の思想を、〈制度・人間・教育〉という枠組みにおいて、あるいはまた、思い切ってそれを〈法・人間・教育〉という枠組みにおいて捉えてみると、この枠組み自体が、わが国の憲法＝教育基本法理念の関係と通底する問題であることがわかる。どういうことなのか、最後にその点を説明しよう。

## 二．「人間の育成」と「普通教育」の概念

さて、〈制度〉は人間の形成にとって「両義的」である、と先に述べた。〈法〉と人間（形成）の関係もまた然りといえよう。幸いにして、現行憲法は、その成立事情から言って、戦前の人間否定の価値を克服し、人間解放あるいは個人の尊厳と人権・平和の実現という「正義の理想」を理念にしてつくられた。〈法・人間・教育〉という枠組みは、今日も〈憲法・人間・教育〉という構造の下に考えることが可能だ。

そこで、憲法と教育基本法の関連という観点から「人間の教育」について考えてみたい。あらかじめその論点について示すなら、まず①〈制度と人間と教育〉との連関を憲法と教育基本法とのあいだに一体性を見ながら読み込む必然性があるという点であり、②二〇〇六年・改「正」教育基本法には「人間の育成」という文言が、その前文にも生き残ったという点の確認であり、そして、③「普通教育」という用語への注目および注意喚起という点の、以上の三つの論点に集約されるだろう。ここで、敢えて旧

教育基本法から、その前文を引用しておく。以下、引用文中の強調点は鈴木による。

> われらは、さきに、日本国憲法を確定し、民主的で文化的な国家を建設して、世界の平和と人類の福祉に貢献しようとする決意を示した。この理想の実現は、根本において教育の力にまつべきものである。

憲法に謳われた理想の実現如何は、「教育の力」にこそ期待されている、と宣言されている。ここには、制度・人間・教育という三者の連関が意識されている。比喩的に言えば、一九四六年一一月三日に発布された日本国憲法という制度（法）に〈魂〉を入れるのは、まさに〈教育〉に他ならないということだ。制度の担い手が現実の人間である以上、それを可能にする「人間の育成」こそが、肝要となる。だから翌一九四七年三月三一日公布・実施された教育基本法は、冒頭の前文に続けていうのである。

> われらは、個人の尊厳を重んじ、真理と平和を希求する人間の育成を期すとともに、普遍的にしてしかも個性ゆたかな文化の創造をめざす教育を普及徹底しなければならない。ここに、日本国憲法に則り、教育の目的を明示して、新しい教育の基本を確立するため、この法律を制定する。

周知のとおり、教育基本法は、教育の目的を第一条で「人格の完成」としているわけだが、「人間の育成」は前文の理念として掲げられている点で、やはり日本国憲法との関連においてもっと掘り下げた理解をしておくべきではないだろうか。そして、ルソーにもまた立ち返ろう。

わたしはくりかえし言おう。人間の教育は誕生とともにはじまる。話をするまえに、人の言うことを聞きわけるまえに、人間はすでに学びはじめている。経験は授業に先だつ。…人間の学問を二つの部分に分けてみるとしたら、一方はあらゆる人間に共通のもの、他方は学者に特有のものに分けてみるとしたら、後者は前者にくらべてほとんど言うにたりないものになるにちがいない。（上・71頁）

ルソーの言う「人間の教育」は、特殊な意味合いを帯びてくる。その意味は、「学者に特有のもの」とは異なる、「あらゆる人間に共通のもの」としての「学問」、すなわち「人間としての身分」への教育ということに他ならない。これは、決して「低く扱われた教育」という意味ではなく、むしろ、これまでの議論からもわかるとおり、教育論『エミール』の構想が「社会変革へのプログラム」（関曠野）に他ならないのであり、人間形成を目的とするこのプログラムこそ、人類にとっての「子ども世代への特別な配慮としての教育」という枠組みを準備する。

そしてこの枠組みを「普通教育」と呼んでみることができる。つまり、「人間への育成を目的とする、子ども世代への特別な配慮としての教育」、それが「普通教育」ということになる。これは日本国憲法にも教育基本法にも用いられている用語なのだが、概念的深化はまだ十分とは言えない問題提起的な概念であると言える。[35] 憲法第二六条第二項に「普通教育」という概念は使われているので、第一項とともに引用しておくとしよう。

第二六条

①すべて国民は、法律の定めるところにより、その能力に応じて、ひとしく教育を受ける権利を有する。

②すべて国民は、法律の定めるところにより、その保護する子女に普通教育を受けさせる義務を負ふ。義務教育は、これを無償とする。

ルソーの教育哲学、その「人間という身分」に思想的価値をおく教育論＝人間形成論は、こうして「普通教育」という私たちのある意味で身近な、しかし同時に「忘れ去られた」とさえいえる用語にスポットを当てたのだと言えないだろうか。世代間のコミュニケーションとも表現しうる「子どもの教育」を考えるに際して、普通教育の概念は一つの必須アイテムとして提出されている。

# おわりに

折しも「人づくり革命」という政策的キャッチコピーが流布され、具体的展開をみせる現在である。日本版グローバル化時代の人材養成、人的資源＝マンパワー政策としての、この「革命」の推進者たちは、すでに二〇〇六年一二月に教育基本法の「改正」を行い、前文から「教育の力」を削除することに成功し、全体として教育基本法の機能主義化を達成している。この方向は、憲法改正と一体的な構造を持って展開している。これが、本論におけるルソーの教育哲学、「社会変革のプログラム」としての人間形成論、普通教育の思想とはその企図において「真逆の方向」にあることは明らかだ。

「真逆」とは、何よりも、「人間という身分」、「人間の義務」という人間の共通性と平等、個人の尊厳と自由の基準をめぐって先鋭化する論点をめぐるものである。その細部については今後さらに論じていく必要があろう。さて、本章のエピローグとして、ルソーの「消極教育」の思想を連想させる一つのエピソードを紹介しておきたいと思う。

畑山 博著『教師・宮沢賢治のしごと』、第一一章「幻の国語の授業」のなかでの、賢治の花巻農学校の教え子・瀬川哲男のメモに着目したい。「わたくしという現象は　仮定された有機交流電燈の　ひとつの青い照明です…」から始まる、あの詩集『春と修羅』の序にふれて、その教え子は証言している。

「人間というものは、瞬時に死んで、また生きて、死んでいる。その証拠に、死骸が排泄され、垢になって放たれているのだということ。しかも青い照明だというのでしょう……賢治先生にとって『青い光』という意味は、餓鬼や修羅のことですからね……じいんと頭がしびれました。」[36]

『農民芸術概論』の要になった諸説についても、瀬川は教室で聴いて記憶している。証言の内容は以下の通りで、黒板にその時の概念図も描かれる。「瀬川メモ」は次のようだ。

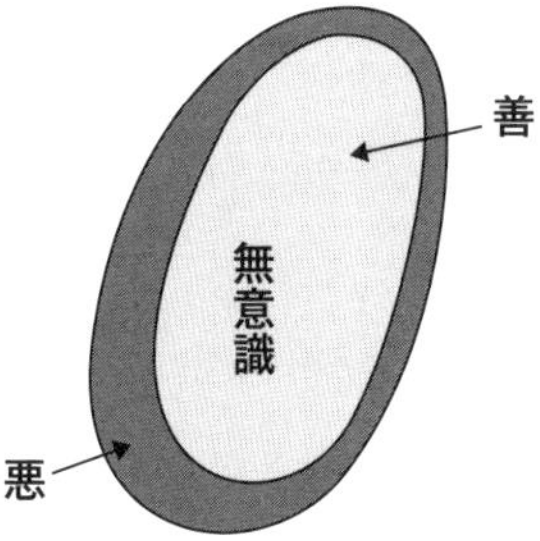


善は脳の内部に無限に潜入する。

悪は表面意識に止まり、内部に潜入しない。

表面意識部に止まり善の内部への潜入を妨害する。

善は無限に潜入する。

善の潜入するほど無意識は無限に発展する。

明るくなる。

頭は軽くなる。

悪は表面意識に止まり、蓄積すればするほど頭は無意識を圧迫して苦しくなり、自由を欠く。

重くなる。

暗くなる。
ゆえに悪いことは考えるべきでない。

ルソーが構想していたとされる『感覚的道徳あるいは賢者の唯物論』が、古代ストア主義哲学に影響を受けた痕跡があるとの指摘については、すでにふれた。[37]『告白』第九巻でのルソーの証言からすると、この「幻の著作の根本思想（l' idée fondamentale）」は、「人間が感覚器官を通して外的環境（気候・季節・音・色・光・闇・食物など）から、その精神的気質に受ける影響をいかにコントロールすれば、魂を美徳にとって、もっとも好都合な状態を保つことができるかを考究するといったもので、ルソーはこれを、人間の悪徳を防止するための実利的な目的を持った書物とするつもりであったらしい[38]」。永見文雄はこのように解釈している。この古代ストア思想こそ、『エミール』のエピグラフ（巻頭の銘句）に、セネカの引用として表明されているものであった。

わたしたちが苦しんでいる病気はなおすことができるし、よき者として生まれついているわたしたちは、自分を矯正しようと望むなら、自然の助けをかりることができる。（セネカ『怒りについて』第二巻第一三章）

「人間という身分」を「自然」という枠組みで再考することは、「経済」という枠組みへの根源的な批判として意味をもつ。ルソーとともに賢治もまた、わたしたちの哲学の友人として位置づけられる。

**注**

［1］本稿では『エミール』からの引用は、原則として岩波文庫（今野一雄訳）による。本文中に引用箇所（上・中・下巻の区別と頁数）を記す。引用文中の強調点は鈴木による。

［2］必要によって、引用文中にフランス語原文を記す。

［3］二〇〇六年一二月改正の教育基本法では、この前文該当箇所も、「個人の尊厳を重んじ、真理と正義を希求し、公共の精神を尊び、豊かな人間性と創造性を備えた人間の育成」に変えられた。

［4］「フランスに来たばかりの中学校段階の移民の子どもを対象として、フランス語を集中的に教えるクラス。年齢や国籍も異なれば、なかには母国で十分な教育を受けられなかった子どももいる。フランス語の取得具合と母国で受けた教育レベルに応じて、徐々に通常のクラスへ移動する。適応クラスのある学校は、フランス全土に約八四〇校あり、うち一四〇校が移民人口の多いパリに集中している。初等教育段階の子どもたちに対しては、『入門クラス』が設置されている。」（同映画・日本語パンフレットより）

［5］「一九〇五年に制定された法律に明記されている。フランスにおける政教分離の原則。同法では、国家・公的機関の非宗教性を規定するとともに、信教の自由と自由な宗教活動の保障が定められている。二〇〇四年には、同法の適用の相違を解決すべく、公立学校における宗教的シンボルの着用禁止を定めた法が制定された。この法律に対しては、信教の自由を侵害する差別的な法ではないかと、欧州人権裁判所で裁判が行われるなど、議論が生じている。」（同上）

なお関連して、鈴木剛「ライシテと『宗教事実教育』——フランスにおける近年の動向」、『北星学園大学文学部北星論集』第四五巻第二号、二〇〇八年、を参照されたい。

［6］音楽家として成功を収めつつあった四〇歳のルソーが、オペラ『村の占い師』を国王ルイ一五世に御前上演したことはよく知られているが、国王の年金の申し出を拒否したことをはじめ、とりわけ支配階級への「人間の身分」からの批判的視座が基底にある点は重要であろう。

［7］『現代思想』（特集ルソー：「起源」への問い）二〇一二年一〇月号。

［8］構想されていた *Institutions politiques* は、『国家学概論』（永見文雄）ないしは『政治学概論』（川出良枝）と訳すべきとする見解については、以下を参照。ブリュノ・ベルナルディ、三浦信孝他訳『ジャン＝ジャック・ルソーの政治哲学――一般意志・人民主権・共和国』、勁草書房、二〇一四年、「まえがき――現代によみがえるルソー」（三浦）、vii頁。

［9］ルソーの『告白』第九巻冒頭には、構想された「草稿も下書きも全然残されていない」この作品の性格が記されている。永見はこれを、恐らくコンディヤック感覚論＋古代ストア主義哲学の主張を示すものだとしている。永見文雄『ジャン＝ジャック・ルソー――自己充足の哲学』、勁草書房、二〇一二年、270頁。

［10］「…一八世紀の読者はルソーの小説を楽しんで読んだのではなく、むしろ『熱狂し、興奮し、痙攣し、泣きじゃくりながら』読んだのだった。フランス語の原著が出てから二カ月以内に英語の翻訳が表れ、一七六一年から一八〇〇年のあいだに一〇の英語版の出版がつづいた。おなじ時期にフランス語で一一五の版が刊行され、フランス語を読む国際的な公衆の貪欲な欲求に応えた」。リン・ハント、松浦義弘訳『人権を創造する』、岩波書店、二〇一一年。27頁。人権意識の発展の前史には、共感（empathy）の拡がりがある点を同書は書く。同書第二章「感情の噴出」は『新エロイーズ』の影響に充てられ、副題を「小説を読むことと平等を想像すること」と題されていることにも、その問題意識が読み取れる。ルソーはその考察に欠かせない題材となっている。

［11］前掲、関曠野「なぜ、ジャン＝ジャックは我等の最良の友なのか」、『現代思想』（特集ルソー：「起源」への問い）

二〇一二年一〇月号、51頁。
[12] 同上。
[13] 同上。
[14] 同、54頁。
[15] 同上。
[16] 同上。
[17] 吉岡知哉『ジャン＝ジャック・ルソー論』、東京大学出版会、一九八八年、94頁。
[18] 同、149～153頁。
[19] 同、193頁。とりわけ、同書・第四章「関係の革命」を参照。
[20] NHKテキスト『100分 de 名著――ルソー　エミール：「子」を育むということ』、西研、二〇一六年、7頁。
[21] ルソー『エミール』、上・26頁。
[22] 吉澤昇・為本六花治・堀尾輝久『ルソー、エミール入門』、有斐閣新書、一九七八年、参照。
[23] ルソー『人間不平等起源論』、坂倉裕治訳、講談社学術文庫、二〇一六年、41頁。
[24] 同、29頁。
[25] 「条件的仮説的推論」とは、『人間不平等起源論』（一七五五年）においてルソー自身が自覚的に提起する方法概念であり、「自然状態」と「自然人」というルソーに固有の概念を導くことを可能にした。同、43頁。
[26] 同、35頁。なお、長らく普及版として定評のあった本田喜代治・平岡昇訳による岩波文庫版『人間不平等起原論』（昭和五〇年、39刷）を含めて、この箇所については誤訳の可能性がある。この点は「人間の身分」の根拠説明に関わる論点を含み、また子ども概念と教育論へのルソーにおける転回の必然性に関わる論点を孕むと思われるので指摘に値しよう。この岩波訳では、「こうして、われわれは哲学者を人間にする前に、人間を哲学者にする必

要はない。」（同書、31頁）とあり、意味不明の内容となっている。

［27］「初期の教育はだから純粋に消極的でなければならない。」（上・132頁）と『エミール』においてルソーは書く。しかし、「初期」という限定は強調であって、「教育ぜんたいのもっとも重大な、もっとも有益な規則」（同）として、ルソーの「消極教育」はこの思想家の教育論全体のモチーフを表すと解される。それは「心を悪徳から、精神を誤謬からまもってやること」（同）を意味する。そして何よりもまた、カトリック・パリ大司教に対する体系的反論、『ボーモン氏への手紙』に「消極教育（éducation négative）」の命名があり説明が加えられている。なお、この思想はすでに、未完の人間理論、『感覚的道徳あるいは賢者の唯物論』の基本思想と一致している。注［9］を参照。さらに次の拙稿も参照されたい。「ルソーの消極教育論を再考する――『人間の条件の研究』の視座から」、『北星学園大学文学部北星論集』第五六巻第二〇号、二〇一九年、二月。

［28］吉澤他、前掲書、35頁。

［29］「零度（degré zero）」は構造主義言語学の用語である。ルソーにおける「子ども」「自然人」とは、そうした関係の「零度」としてある。しかし一見、一種の孤立孤高のアトム的様相を呈する概念が、単なるアトム的個人（主義）を免れうるのは、何よりもルソーの関係論的思考方法の特質による。この点につき、吉岡知哉、前掲書、第一部第一章を参照。

［30］「制限された自由」は必ずしも否定的な意味をあらわさない。むしろ反対に、ルソーの教育論ではさらに重要な論点を提出することに注意。

［31］西、前掲書、72頁。

［32］イヴァン・イリイッチ『脱学校の社会』、東洋・小沢周三訳、東京創元社、一九七七年、参照。

［33］「社会人」とは、ルソーによる原語は homme civil であり、制度に縛られた人間として否定的に扱われるのだが、われわれはこれを、他方でルソーが使う homme sociable = 社会的人間とは区別されねばならない。後者は、社

会にあってなお「自然の人間」=「人間という身分」を生きられうる可能性としての社会的人間を意味していると解される。『エミール』では、父親の義務を論じる文脈で、以下のように使われている。「かれは人類には人間をあたえなければならない。社会には社会的人間をあたえなければならない。国家には市民をあたえなければならない。この三重の責務を果たす能力を果たす能力がありながら…」(上・46頁)。なお、吉澤他、前掲書、80頁を参照。

[34] ここで「技術(art)」について訳語を含めいかに考えるべきか、それが一つの論点を形成する。戸部松実による抄訳は、これを「だから、教育が人為であるかぎり、それが成功するということはまず不可能である。」とする(『世界の名著30、ルソー』、平岡昇編、中央公論社、一九六六年、336頁。戸部は後に著書『「エミール」談論』(国書刊行会、二〇〇七年)の中で、この問題を指摘している。同著、64頁、参照。ついでに紹介しておくと、戦前(昭和三年)の平林初之輔訳は、「そこで教育を一の技術であるとすると、それは殆ど成功する見込みのない技術である。」としている。(岩波文庫、ルソオ『エミイル』第一篇、第32刷、一九五六年、19頁。)

[35] 武田晃二・増田孝雄『普通教育とは何か』、地歴社、二〇〇八年を参照。なお、本書の第7章及び「補論」を参照されたい。

[36] 畑山博『教師・宮沢賢治のしごと』、小学館ライブラリー、一九九一年、134頁。

[37] 注[9]を参照。

[38] 永見、前掲書、271頁。

# 第 2 章

# ペダゴジーと世代

## ──教育学は世代概念をどう扱うか

# はじめに

一般に「世代論」というものは、常識論に傾き、非科学的なものだと見なされがちだ。体験的実感に流された議論に傾くからだ。そうでなければ、客観的データと称したものが事後的に客観的根拠として「援用」されることが多いからでもある。ただし、学問的には社会学が、「世代」を社会科学的概念として位置づけ、理論化しようとしてきた点も忘れてはならない。そして教育学もまた、発達段階と世代の概念との異なりを意識しつつ、人間の成長、発達、加齢の意味、文化の伝承・伝達に関わって「世代の問題」に論及してきたといえよう。

しかし、教育学に関して言うと、従来から「世代」への論及があるとはいえ、関連辞書・事典の類に「世代」というタームが項目として現れるのは、ごく最近のことに属する。しかもその記述は専ら社会学の観点の援用に止まっているといえる。[1] 総じて、教育学の事・辞典類に「世代」は鍵概念としての定位置を確保しきれてはいない、と言いうる。

しかし今日、改めて世代概念への関心や世代論への言及を含む教育論の展開が見られ、近年に至っては、「世代と教育」ともいうべき論点を形成している。その理論的問題状況の一端を描こうとするのが、本章のねらいである。本章では、まず、第一に、世代概念に伴う二つの観点の違いとそれらの関連について、第二に、世代間の「ライフサイクルの交叉」という、鈴木聡の問題提起について、第三に、コミュニケーション哲学の視点から、尾関周二の「世代間コミュニケーション」論を採り上げ、そして第四に、マクロな歴史的視点から「大人−子どもの世代関係」と「教育関係」概念とを問い直す宮澤康人の議論を採り上げる。

## I 世代概念に伴う二つの観点とその関連

世代概念には、①「コホート（cohort）」の観点に基づく出生・結婚・卒業など歴史的ないし時間的同時性に関係して用いられるものと、②おそらく生物学的根拠を基礎にもつ親子関係・親族関係に関連して用いられるもの、という二つの概念が区別されるのが一般的である。教育学は、後者の枠組みに基づいて専ら研究対象を論じてきたともいえそうだが、実はそう単純ではない。前者の枠組みもまた、社会における文化伝達や青年期問題などを論じて来たのである。両者の枠組み・観点は、おそらく相互に関連し合うはずであろうし、教育学における世代論的関心は、双方をカテゴリカルには峻別しえない言説群として展開されうる。本章では上記①の枠組み・観点を「世代」論（カギ括弧での）、②のそれを〈世代〉論（山括弧での）と表記して、その違いを予め強調しておこうと思う。

世代概念に二つの観点の区別を見たが、このこと自体を研究方法論上の問題として指摘する社会学研究の動向がある。青年研究にライフコース・アプローチを採用する社会学的方法、すなわち従来のコホートによる「世代」の観点と、家族・親子関係としての〈世代〉論的アプローチとを統合するという問題意識がそれだ。そこでは、次のように述べられている。

「これまでほとんど結合されなかった社会学の二つの領域、すなわち青年社会学と家族社会学を引き合わせることを可能にした[2]」ものがこの研究である、と。

「青年と社会」というテーマが、「親と子」または「家族と教育」というテーマを取り込みながら展開している、というのが、今日の社会学における青年研究の一動向として理解されるのである。

こうした事情は、わが国の最近の教育論の展開にも共通している。青年期教育の問題に親子関係と家族という観点を加味する重要性が自覚されてきたのだ。その内容はすぐ後に紹介するとして、先の社会学的青年研究の新たな方法論上の展開の背景を理解しておこう。こうした青年期研究と家族研究との統合という、新たな動きの背景には、大げさに言えば、社会学史における「世代概念の混乱」があるというのがひとつの理由である。

「多くの社会学文献では、今なお世代という概念が混乱して使われたまま[3]」だ、との指摘だ。

しかも、こうした概念上の混乱が生じたのは、「世代」概念を科学的に論じた社会学の功労者マンハイムその人にあるという指摘もある。実際、世代概念に科学的に検討の作業が施される学問論上の端緒がディルタイを経てマンハイム社会学において現れ、「青年論としての世代論」へと展開をみせていくことになる。「世代の問題」は青年論としての、言い換えれば、「世代」と社会階級との関連という側面に関心が集中する一方で、親子関係に由来する〈世代〉概念の側面への関心が後景に退いていったのだ、といえよう。[4]

そうした背景を踏まえて、「世代」（前者）と〈世代〉（後者）とを区別すれば、世代概念は、「世代」に焦点化され、〈世代〉はいわばその埒外に置かれた経緯があり、今日においてその修正が図られていると言えばよいだろうか。こうした社会学の動向は、教育理論の展開にも一定の影響を与える。それは教育学における青年期研究と家族研究の統合的な視点を要請する。わが国においても、教育研究のテーマの中に青年の「離家」[5]、「世代間の関係的自立」[6]といったテーマが論じられ、〈世代〉問題としての教育に関心が向けられる傾向を生んでいる。

## Ⅱ　世代間の「ライフサイクルの交叉」

こうした理論動向の一つとして、鈴木聡による「世代継承サイクル」論を紹介する。近年、世代間のライフサイクルの交叉という観点から、教育を論じる試みが生まれているが、その背景には、今日の世代関係の様相に対する危機意識が働いている。現代人が直面するライフサイクルの危機の下では、〈世代〉連鎖における思春期と「思秋期」との交叉が問題の焦点となり、〈子〉とともに〈親〉自身の「自立の困難」の事例が指摘されている。鈴木は、現代社会における「世代継承サイクルの異変」を論じているのである。「『世代継承サイクル』とは、一つの人生サイクルがもう一つの新たな人生（子ども）を生み出し、相互のライフサイクルが絡みあって紡がれていく世代連鎖のプロセスである」[7]。

この世代連鎖のプロセスの危機をいかに把握するか。鈴木によれば、従来の「社会化」理論は家族に社会化のエージェントの役割をみてきたが、そこには完成モデルとしての「成人期」の安定性と規範性とが前提とされていたが、現代日本においては「企業社会の統合秩序のもとで設けられたライフサイクルが崩れつつあり、広く親世代もまた、葛藤にみちた『危機の渡り』に直面している」[8]と言うのである。親世代は、子ども世代の大人社会への参入を促すための文化装置を自前で保持できずにおり、そうした文化や規範を子ども世代に示すことができない。「子どものイノセンスの表出を受け止め、いわば『子どもじみた大人』に停滞すること」を強いられ、そして、「個の自立と自己責任を厳しくせまる今日の社会が、この世代継承サイクルにおける大人自身の成熟過程をはばんでいる」[9]と指摘されている。そこでは「子どもの社会化の媒体となる『家族の文化』の内実が欠如」し、かつ「大人世代自身の抱えた不安の、子ども世代への投影」[10]といった事態が生じ、二つの世代の間には「相互の欲望が絡まりあった心理的暗闘」[11]が展開されている、と言うのである。

こうした危機の認識に立ちつつ、鈴木は続けて、「親世代から子ども世代へと伝達・相続されてきた伝統的な意味での階級・階層文化」に取って代り、「家族の文化」とは異質な「新たな文化の創出形態[12]」が課題として提出されるに至った、と言う。鈴木によれば、創出されるべき「新たな文化」とは、親世代のそれとは異なる子ども世代の「手探りのコミュニケーション」による「社会づくりの模索」としてしか達成されえない子どもの文化・青年の文化である。世代間の「相互の緊張をはらんだ向き合い方[13]」を条件とする「世代間の出会いの場から」、この文化は生まれる可能性があるというのだ。

しかし、新たな文化の形成作用が、近代学校批判の延長線上にどのようなかたちで展望されうるのか、鈴木は具体的に述べているわけではない[14]。ともかくも、親子関係、〈世代〉関係の舞台たる「家族の文化」の解体・消失の下に残された課題の性格を、鈴木は〈移行期[15]〉世代の文化形成論としての「世代論、すなわち「青年期教育」論として描こうとしていたわけである。

ところで、この課題の捉え方には、一方では親と子、大人と子どもの〈世代〉問題を、他方では時代（文化）と青年期（発達）との関係としての「世代」問題をみるという、教育理論における二つの世代論の意識的な関連づけが見られる点が重要である。鈴木は、子ども世代が「二つの社会的関係」ないし「二つの異なった社会的関係」を生きているという観点を提出し、自己の主張を理論化する根拠をそこに見出しているのだが、それをピアジェによる道徳発達法則（他律から自律へ）についての再把握に求めている。「すなわち一方は、大人―子どもという世代間（タテ）関係に由来する道徳であり、他方は互いに対等な者たちからなる社会的関係に由来する道徳である[16]」という見方がそれであるが、これら「二つの道徳」を継時的な発達段階ではなく、「二つの異なった社会的関係に由来する二つの対立する道徳観[17]」として捉え直し、その同時進行性を強調するのである。子ども世代自身の内に生きられる「二重化された社会関係」を映し出し、〈移行期〉世代が生きる世界をアクチュアルに描こうとの企図とそれは結びついた方法的観点であった[18]。「〈移行期〉世代」における「二重化された社会関係」という視点と枠組みである。

以上のような議論の枠組みを、「ライフサイクル」論から開始すると同時に、〈世代〉関係にも足場をおいて展開しようとしているのである。鈴木が、一方を「タテ関係」と言い、他方を「ヨコ関係」とも呼ぶ関係、さらに「ナナメの関係」などとも呼ぶのは、そうした〈世代〉間関係を基礎とする歴史的状況を理解し、展望するためでもあったのだろう。「大人と子どもの関係」が単にタテ関係と規定されるのでなく、もっと構造的・歴史的に把握されることが目指されており、この関係の「危機」や「異変」を脱する方向を「治療文化」概念（中井久夫）や「斜めの関係」（笠原嘉）を介して課題化しようとしている、と想像できる。その治療文化概念の先に彼が何を見たのか、それを今となっては十分にくみ尽くすことはできないが、以下のような叙述の中に〈世代〉論的方向性を垣間見ることができる。鈴木の指摘を引用しておこう。

ここで指摘しておきたいのは、子ども・青年をとりまく親族関係に注目する中井や笠原の視点は、マクロな「大人と子供の関係史」からみるとき、単に「精神医学の資産」にとどまらない意味をもっているということである。私たちは今日、大人と子どもの関係を論じるとき、えてして親と子の関係をモデルとした純粋なタテ関係を出発点におきがちである。だが、西洋教育史家の宮澤康人が論じてきたように、かつての西洋中世の「全き家」のような生活共同体においては、子どもは直系の「タテの関係」の他に、実の親以外の大人との多様な「ナナメの関係」をもち、また年長―年少関係を含む同世代間の多様な「ヨコの関係」をもっていた。それが全体として子どもを社会化する機能を担っていたわけである。そうであれば、宮澤がいうように、人類の歴史における「大人と子供の関係の祖型（原形）」は、決して純粋な直系の親子関係にあるのではなく、多様で夾雑な「ナナメの関係」を含む親族関係にこそおくべきなのだ。[19]

## Ⅲ―コミュニケーション哲学の視点から

社会の再生産過程が、教育機能の抑圧的・権力的性格の強化を伴って進行する現代にあっては、教育の矛盾が「若い世代」に集中して現れる可能性がある。またその現象を「世代間コミュニケーションの病理」として把握し、それを家族、学校、市民社会、人類社会という四つの諸相でみることを私は提起してきた[20]。社会哲学の立場から、尾関周二はこの問題を論じている。尾関の体系的なコミュニケーション哲学からすると[21]、「世代間コミュニケーション」は、どのような位置づけを与えられるのだろうか。「人間と自然の物質代謝」（労働）と「人間と人間の精神代謝」（コミュニケーション行為）との対比で言えば、それは後者に位置づけられ、同時に、「社会の文化的・精神的再生産」の行為を担うものであるとされるだろう。この基本的枠組みに沿って、尾関による「世代間コミュニケーション」論の主張の特徴を何点かにまとめて整理してみよう。

第一は、そもそも人間社会のコミュニケーション全般が、「社会の文化的・精神的再生産」を担うものだとすれば、「世代間コミュニケーション」は、その「中軸」ないし「基軸」を成すということである。すなわち、〈世代〉関係という特殊なコミュニケーションとしての性格が、一般的コミュニケーションから区別されており、そして、これが人類史的な視点から規定されていることが特徴である。

第二に、生態学的な観点から〈世代〉間のコミュニケーションの危機が捉えられていることである。それは、「自然のエコロジー」に類比すべき、「精神・文化のエコロジー」の危機なのである。つまり、地球生態系の再生産（自然―人間の関係）と同様に進行する、人類社会における精神・文化の再生産（人間―人間関係）の危機である。こうしたエコロジーの危機として〈世代〉間コミュニケーションが把握されているということである。

第三に、現代における世代間コミュニケーションは、親子関係を中核とする「親密圏」のあり方に焦点化されるとともに、その「民主化」の課題と一体的に把握されるべきことが主張されている点である。尾関のいう「親密圏の民主化」という課題は、「相互主体的」行為ないし「相互人格化」行為として実現がめざされる「人間―人間」の関係性をめぐる課題である。

第四に、「親密圏」あるいは世代間コミュニケーションの危機の内実は、近代社会と資本主義の歴史的展開によって規定されるとともに、今日的に、特殊日本的な性格、すなわち「企業社会の論理の親密圏への浸透」と、場合によっては「家父長的な支配」をもそこに伴って進行する事態だということである。以上の四点に整理されるであろう。

ここで、「親密圏」とコミュニケーションの問題連関を示す尾関の説明を引用しよう。

> 現在、親密圏は経済・政治システムの論理の浸透によって従来からの従属性・抑圧性を一層加重している傾向もあり、従って、相互人格的なあり方を求める欲求や動きと衝突して矛盾を内向させている。こういった親密圏の問題性もまた、コミュニケーションの視点からより明らかになるように思われる。親密圏のコミュニケーションは、常に具体的な状況の脈絡に依拠しており、そこにおける従属関係によって規定された非対称的コミュニケーションの性格をもっているからである。したがってまた、フーコーが日常のコミュニケーションの中に自明な形で作用してきたミクロな権力

を暴こうとしたこともこうした視点からその意義を一定理解することができよう。もちろん、忘れてはならないのは、親密圏を巡る関心は、その民主化の関心傾向と同時に共同性欲求への退行的な代償的な要素もまた含んでいることである。[22]

こうした視角から、〈世代〉間コミュニケーションが分析される。例えば現代日本の親子関係、特に母子関係に現れる「共依存」・「共依存的支配」の関係を、「共同性欲求に関わる一種の病理形態」であると同時に、「親密圏の民主化・相互主体化に至る過程における疎外形態」でもあると捉え、そして「親密圏の民主化」の課題が、わが国の場合、「共依存的支配」と「家父長的支配」双方のレベルが密接に絡み合って問題を複雑にしている、と尾関は分析する。これらは、第三、第四に示した内容を説明するものである。

次に、問題がよりマクロの視点から捉えられた、第一、第二の論点についてみてみよう。近代以降の資本主義の発展の問題、すなわち貨幣や権力のシステム論理の生活世界への浸透といった「システムによる生活世界の内的植民地化」（ハーバマス）から派生する問題が分析されている。「世代間コミュニケーション」は、巨視的な人類史的な視点から、「社会の文化的・精神的再生産の中軸（基軸）[23]」と規定されるのだが、その根拠に挙げられるのが他ならぬドゥモースによる以下の仮説である。それは次節で説明するように、宮澤康人が夙に注目していたポイントである。この主張の意義にわれわれも予め注目しておきたいと思う。

精神構造はつねに子ども期という細いパイプを通して世代から世代へと伝達されるほかはない。だから、ある社会の子育ての慣習は、その社会の文化的特性の一覧表にあらわれる単なる一項目とはいえない。子育ての慣習はまさしく、文化を構成するほかのすべての要素を伝達し、発展させる条件であり、歴史のほかのすべての面において私たちがどこまで到達できるか、その限界をきめる位置にある。[24]

「社会的・文化的再生産」一般でなく、〈世代〉間コミュニケーションをその再生産の「基軸」あるいは「中軸」であると尾関が規定したのは、この引用からもわかるように、「子ども期という細いパイプ」でありながら、そこを経由してしか、歴史的人間の「精神構造」は次世代に伝達されえないという固有性、すなわち、特殊なコミュニケーションの確認なのである。その意義・特質は、〈世代〉関係の固有性、すなわち世代としての「大人―子ども」の関係にもとづく、特殊なコミュニケーションの性質に認められるものであった。人類社会のコミュニケーション行為全般における学習過程、知の伝達・再生産についての一般的な仮説は可能だとしても、[25]そうしたレベルには解消できない特殊なコミュニケーション形式としての〈世代〉関係の意義が、「世代間コミュニケーション」として位置づけられたわけである。

こうした、「自然のエコロジー」と対比的に論じられる「精神・文化のエコロジー」としての世代の再生産を担う「世代間コミュニケーション」であるが、マクロ的視点で見れば、これが近代以降に大きく変化を被ったこと、共同体の解体によって「子ども期の細いパイプ」に通うべき世代関係に生じた変質が問題化されることになる。拡大家族から核家族への変化、近代学校による教育の独占など、その歴史的過程に生じたものは、一言でいえば「社交性＝ソシアビリテ（sociabilité）」（アリエス）の消失であり、尾関によると、「『ソシアビリテ』と呼ばれる空間に含まれる多様な世代間コミュニケーションもまた近代以降衰退したと考えられる[26]」のである。そして、括弧書きながらではあるが、こうした世代間コミュニケーションに含まれていた「コミュニケーションの多様性の喪失」が、エコロジカルな意味においても生物の多様性の消失と類比しうる重要な問題性を投げかけていると示唆されているのである。ここで主張されている「多様な世代間コミュニケーション」、あるいは世代間コミュニケーションにみられた「コミュニケーションの多様性」とは何か。それは既に、前記の鈴木聡も触れていた、〈世代〉関係における「タテ・ヨコ・ナナメの関係」の多様性ということになろう。そこで次に、こうした「世代間コミュニケーション」の基底を問う〈世代〉関係とは何かを理解するために、「教育関係」の特質の解明という視点からこれに接近する「大人と子供の関係（史）」論に触れてみよう。

## Ⅳ マクロな歴史学的視点から見た〈世代〉間関係と「教育関係」概念

ところで、大人、子ども、世代、関係、そして世代関係といった諸概念の自明性の問い直しという問題意識からみれば、教育学のパラダイムが「大人と子どもの世代関係としての教育」と押さえられる場合にも、その理解の前提は決して確定的なものではない[27]。宮澤康人の議論は、既に先に鈴木聡が典拠として挙げていたように、「大人と子供の関係の祖型(原形)」としての親子関係[28]を〈世代〉関係論の出発点に置いている。ドゥモース著『親子関係の進化』の解説論文で、その訳者でもある宮澤は、そこから受けとるべき重要な示唆として「子育てという文化の一領域に、文化一般のなかでの独自の位置を与えていること」(強調点は宮澤)を挙げている。

すなわちそれは、先に尾関が決定版として依拠し引用していた部分、「精神構造はつねに子ども期という細いパイプを通して世代から世代へと伝達されるほかはない。」というドゥモースによる仮説への注目点でもある。宮澤は、「実はこの一節だけでもドゥモースの著作は翻訳するに値する」と指摘し、世代間の関係における〈子ども期〉という「細いパイプ」が、「文化の『単なる一項目』ではない」その独自の意義を強調しているのであった[29]。

歴史家としての宮澤が、教育史と全体史の間にあって「大人と子供の世代間関係」が死角に入りやすい構造をもつことを意識し、「〈大人と子供の関係〉を正面にすえた歴史叙述はこれまで皆無に近かった」とみなし、「大人と子供の世代間関係の歴史的変化を記述する認識枠組みをつくること」を教育史研究の仕事と自覚する過程で、上記の「細いパイプ」仮説が注目されたのだった。この認識枠組みをつくる作業は、宮原誠一の「教育の再分肢説」、上原専禄の「立体構造論」にも触れつつ指摘されている。ヨーロッパの子供史と親子関係の教育史の開拓者の一人であるドゥモースの仮説は、「『大人の人間を対象にした歴史』とは別の歴史の可能性を示唆する」として、宮澤はその意義を次のように評価するのである。

すなわち、文化の内容は文化の伝達のされ方によって条件づけられているがゆえに、子育てをめぐる大人世代と子供世代の関係(という一見部分的とみえる文化)こそが、文化全体の性格を左右する、と主張しているのである。[30]

この歴史学の方法概念にかかわる「大人と子供の世代間関係」という認識枠組みは、「教育学のパラダイムの自己変革」を要求することとなるが、そこから導かれるテーマが宮澤の「教育関係史」ということになる。「大人と子供の関係の祖型(原形)」(=純粋なタテ関係)とともに、「タテ・ヨコ・ナナメの関係」としての多様な世代間関係への着目による「教育関係(史)」認識の深化が課題とされるのである。「大人と子供の関係史」と「教育関係史」との関連という教育史研究上のモチーフを、宮澤は次のように描いている。「その中心的モチーフは、子供の成長をとりまく、タテ・ヨコ・ナナメの多様な関係から、タテの『純粋な』関係が、近代化とともに析出してくる、そしてやがてそれが、析出の延長線上に衰退していく、という見方である[31]」。

こうして、「大人と子供の関係史」と「教育関係史」との関連・交叉という問題をイメージするとき、「世代間のタテ関係に近い、叔父甥関係や先輩後輩関係はもちろんのこと、ヨコの関係とみなされる兄弟姉妹関係や仲間関係、そのほか、医者患者関係や祭司信徒関係のように、親子や師弟の関係とアナロジーで語られることが多い関係」にも、そしてまた、「たんなる不平等とは性格を異にする、対等でない関係」としての「企業や軍隊の上司と部下の関係」、「医者と患者、聖職者と平信徒、男と女の関係」なども視野に入れられることになる。そしてこれらの関係群の存在が、「大人と子供という、生物学的根拠をもった非対等の関係」とどのような作用を及ぼしあうかが関心の視野に入ってくるのである[32]。

こうした視界の下で、「教育関係」の史的研究が宮澤の当面の課題となるのだが、その迂回路として定められた「教育関係」イメージの多様性への「目配せ」と「発語訓練」作業が、「教育における三者関係」論である。目指された本格的な展開の端緒に択ばれたものが、ジラールにおける三項関係論である「欲望の三角形」理論・「欲望の模倣とモデル＝ライバル」論である。それは、コミュニケーション的社会理論および二項関係図式に慣らされた思考方法を批判的に見るために有効な視点を提供する、と宮澤は言う。

ジラールの理論は、ブーバー流の「我と汝」関係などに代表される、人間関係を二項図式と平和状態においてとらえる社会理論に真っ向から対立している。かれは、人間関係をつねに三角関係においていて、しかも心理的な力の対立のみならず、物理的な力の対立（暴力）を基本においてとらえようとする。その点で、口当たりはいいが骨抜きの、コミュニケーション論的人間＝社会論に飽き足りない者にとって、啓示的とも言うべきインパクトがある。[33]

欲望が個人に内在するとの考えは、フィクションすぎない。欲望は個人に内在するものなのではなくて、他者（モデル＝ライバル）の模倣の過程において生ずる。したがって、欲望は対象との関係においてではなくて、欲望の媒介者であるモデルとの関係において捉えられることになる。「欲望主体はモデルと同一物を欲望することになるから、欲望を貫徹しようとすれば、モデルは主体の欲望を妨げる障害物（ライバル）に変わる。このような他者をモデル＝ライバルという」（『命題コレクション・社会学』）。以上が、「欲望の三角形」理論の説明である。

こうして、「教育関係」のような、教育主体と学習主体との二項関係で説明される関係の中に隠された、三者関係を考察することが課題となる。教師をもし、媒介者と考えたとき（佐藤学の説）、教育関係は上の三項関係図式ではいかに説明できるのか。もし、教師の「あこがれにあこがれる」のが学びなのだ（斉藤孝の説）とすればどうなのか、等々。興味深い議論が展開されうるのではないかと言う。さらに、ジラールの議論では、嫉妬のようなネガティブな側面や無意識の次元が強調されていることから、「いわゆる社会化は、それが主体より優位にある者の欲望を無意識に模倣することである限り、常に模倣の病を潜在させている、という認識がもたらされる」[34]として、模倣、媒介、無意識などの――従来、教育学によってむしろ否定的に扱われてきた――諸概念が、「教育関係」認識として今後検討される必然性があると、宮澤は述べている。

「教育関係」概念は「〈世代〉関係」概念といかに接合する可能性があるのか、最後にこの点を詰めておこう。宮澤の議論の特質は、「教育主体」の成立根拠を「教育関係」を分析する中で問うことにある。ホモ・ファーベル＝合理的加工主体としての、また、ホモ・エドゥカンスとしての「教育する人間」が「教育主体」の理念型である。教育主体の考察は当面、教師論（＝教育する人）として設定される必然性もあるのだが、「〈世代〉関係」及び「教育関係（史）」の視点から見るとき、教師については以下のように定義的に説明されるのである。「教師は、〈大人〉と〈子供〉の関係システムの変容過程において、そこから析出された大人である。それゆえ、大人の共同体規範を代理して子供に対面することを強いられた、特殊なおとなである」[35]と。第三項的に排除された存在として歴史的に成立した、特殊な教育主体が〈教師〉に他ならない。

## V 「系譜関係」としての〈世代〉論とペダゴジー

〈世代〉の内に保たれるべき多様な関係、歴史的に見れば、多様で豊かさに満ちていたはずの世代間の諸関係ないしコミュニケーションを、蘇生・回復すべきと単に主張したいのではない。〈世代〉関係としてのその存立条件を、今一度根底から問い直す足場と視界を確認したいと考えるのである。コホート・同時代性の観点からの「世代」論が重要ではない、と結論付けるのでもない。そうではなくて、ペダゴジーとしての教育学は、鈴木聡が宮澤の議論の中に着目した「大人と子供の関係の祖型（原形）」としての〈世代〉関係にこそ、まずは定位すべきであると考えるのである。その理論作業としてのライフサイクル論（「世代」関係との関連を含む）、コミュニケーション論、そして「教育関係」論の語られる諸相についての一端を描くのが本章の課題であった。

ペダゴジーの意味を多義的に解釈する向きもあるが、私はそういう方向をとらない。例えば「医者と患者、精神科医といわゆる精神病患者、建築家と設計者といった諸関係を含む」「象徴統制（symbolic control）」がなされるプロセスとしての「教育＝ペダゴジーとしての教育実践概念」を分析の対象となし、「文化の再生産——生産が生じる規定的文脈として」の教育実践の広い定義としてペダゴジーを構想する教育社会学（B・バーンスティン[36]）の方向もありうるだろう。ただしかし、本来のペダゴジーの語の由来に立ち返るなら、教育学にはやはり、〈世代〉関係に定位し、探究の対象の中心に置く必然性があると主張したい。問題は、単にその静的な関係図式、語義的な議論ではない。それを回避しようとするなら、①「世代」論との関連を問う理論視角、②ライフサイクル論、③コミュニケーション論、④「教育関係」論等を複合的に視野に入れ、〈世代〉関係を統合的に考察することが重要となる。

ところで、それらの理論視角の中でも殊に、宮澤の教育関係論の主張に見られた諸論点、すなわち無意識、コミュニケーション論批判、三項関係の視点に注目してみると、いずれの論点をも包括する理論、ピエール・ルジャンドルの「ドグマ人類学（anthropologie dogmatique）」が興味深い議論として立ち現れてくる。親子の間に広がる世代間の病理の背景には「人間を組み立ててきた枠組みの崩壊[37]」があるとルジャンドルは言う。「ドグマ人類学」によれば、現代の親子関係の問題は単なる家族問題でなく、「系譜関係（filiation）」を扱う「国家の系譜学的研究」として理論化されてくる。〈世代〉関係の理論は世代間におけるライフサイクルの交錯の問題という水準を越え、人間という種（espèce）＝人類とその制度性の問題へと押し広げられる。「語る生き物」に固有の言語・表象・無意識の問題がそこで扱われる。その概念装置の中心に、組み立て（montage）、第三項（Tiers）、準拠（Référence）、制度（institution）、表象（Représentation）、禁止（Interdit）があるのだが、そうした諸概念を駆使するルジャンドルの研究は、法制史と精神分析といった人間の外部と内部、制度と自我、あるいは社会と主体性とをトータルに問題にする壮大な方法論に支えられており、その全体像を把握するのは容易な課題ではない。

西谷修の翻訳と紹介を借りて言えば、「新しく生まれる諸世代の再生産とその人間化の最前線に現れる厄介な諸問題に対する根本的批判[38]」が、ルジャンドルの仕事である。このばあい「人間化」とは、「生き物の次元」のみならず「表象の次元」と「規範的次元」とが絡み合う「語る生き物」としての人間の「制度化」としての「世代の再生産」を意味する。単なる「繁殖」ではなく、制度と規範と言語とに媒介された「世代の再生産」、さらには〈世代〉関係の再生産としてのReproduction、そこに作動する「エディプス的問題構成のうちに展開する論理」、すなわち「〈父〉の原理の構造」に基づくモンタージュの法則が提示される。ルジャンドルはそれを「語る生き物の象徴的決定主義（le déterminisme symbolique de l'animal parlant）[39]」と呼ぶのである。言い換えれば、それは「社会における言語の第三項（Tiers）構造」でもある。ルジャンドルは、「すべての社会において言語の第三項（Tiers）を制定し、そこに規範的効力を生みだす禁止（Interdit）の編成をもたらすところのドグマ的秩序に問題は帰結する」と述べ、しかし「自己に対する視線の西欧的なスタイルのために、コミュニケーション理論はまさにこの点を見誤っているのだ」とみなすのである[40]。

「『ドグマ空間』を舞台に、規範システムと主体の『制度的形成』の検討をとおして、この現代の人間と社会の成立ちを再解釈しよう[41]」というのが「ドグマ人類学」の試みなのだと西谷は要約している。この「ドグマ（人類）学」とは何か、当のルジャンドルは次のように簡潔に述べている。「『ドグマ学』というのは突き詰めて言ってしまえば表象の論理なのです。要するに形のないものを表象のモンタージュを通して演出する。そして目に見える、あるいは理解しうる形を与えるわけですから。この語はキリスト教化されることで表面的には変質してしまいましたが、ギリシャ語の語源から見れば、もともとそういうものを指している[42]」、と。

では、「ドグマ学」は「世代の再生産」の危機を何処に見ているのか──。例えば、殺人と近親相姦は「人の精神に住みついているもの」であるが、「転移され、文明化されるために」あり、「ふつうはそれを避ける無意識の主体というものが機能している」のである。要するに、「禁止」によって設定される「第三項」による無意識的主体の象徴機能の連関の中でこそ、主体は形成され、「制度」は構築されるものと考えられる。言い換えれば、「文明的である、文明化されている（civilise）ということは、結局はファンタスム（幻想）と現実とがしっかり切断されているということ」であり、それを可能とするような「準拠の組み立て」こそが、主体のうちに構築されねばならない。それこそが制度化された人間の条件なのである。ところが現代社会では、〈世代〉関係のなかに「準拠のモンタージュ」の機能不全とともに「規範のセルフサービス」化が進行している[43]、という〈危機〉が診断されているのである。

ここでそのメカニズムを跡付ける余裕はないが、象徴的次元の組み立て（モンタージュ）によって可能となる倫理の構築（人間化）と制度的主体の形成の理論が、〈世代〉の「再生産」を対象とする研究として設定された意義が認められよう。その研究はまた、西洋社会における「権力の系譜学（généalogie du pouvoir）」として、政治学の根幹を成すものとも位置づけられている。長文だが以下に引用する。

国家の親的機能の研究は、科学主義的管理原則の不透明さから出発せざるを得ない〈政治〉の考察へと、私たちを導いていく。穏やか、かつリアルに、私たちの眼下で揺れ動く新たな世代の創出のあり方が左右される、その権力の組み立てという事実を理解するための研究が、この〈政治〉研究なのである。さしあたり今、一つの事実を想起することから結論を述べよう。制度性とは人類の生の与件なのだということ。西欧の古典的伝統に由来する国家は、古く、あるいは粗野な権力に倣って〈禁止〉を操作しつつ、生の原理を配置する任務を負うのである——この生の原理とは、親子関係の規範的言説と、この言説への省察を通じてのみ私たちが接近可能な、人間の再生産に関する不透明なその問題なのであるが——。次のようにもまた言えよう。国家の親的機能は一種の政治機能の社会的付属物などではなくて、その核心を構成するものなのだ、と。というのも、系譜的表象なしには、すなわち、西欧が〈父〉の概念によって指名する分化の原理の表象なしには、国家は一貫した基礎を持ちえず、法的実践のためのいかなる〈準拠〉規範をも持ちえないのであるから。西欧文化に由来する法的観念それ自身は、カテゴリーの制度化した論理と〈父〉の表象の制度による論理を経由するのである。すべての社会における最後の賭け金が、〈子（fils）〉——それが男であれ女であれ——の再生産のシステム内での因果法則の表象に賭けられている。[44]

親子関係すなわち〈世代〉関係とは、「権力の組立て」の問題であり、かつ本質的に制度的で象徴的な関係であるという点が、浮き彫りにされている。このことを、彼の理論は大掛かりなスケールで展開するのだが、本章ではその一端の紹介に止まるほかない。改めて次章で検討することとしたい。

**注**

[1] 岩内亮一・萩原元昭・深谷昌志・本吉修二編『教育学用語辞典』(第三版)、学文社、一九九五年、及び、安彦忠彦・新井郁男ほか編『新版・現代学校教育事典』、ぎょうせい、二〇〇二年を参照。前者における同項目の執筆は門脇厚司氏、後者のそれは社会学者の中野収氏による。

[2] Gill Jones and Claire Wallance, *Youth, Familly, and Citizenship, 1992.* 宮本みち子監訳・徳本登訳『若者はなぜ大人になれないのか――家族・国家・シチズンシップ』、新評論、一九九六年、36頁。

[3] 同、24頁。

[4] 鈴木剛「世代間コミュニケーション試論(その一)」、『愛知教育大学研究報告』第五〇輯(教育科学編)、二〇〇一年、参照。

[5] 中山一樹「世代間葛藤と離家の条件」、『暴力の時代と倫理――唯物論研究年誌』第四号、唯物論研究会編、一九九九年、所収。

[6] 平塚真樹「男―女、親―子の自己形成をめぐる今日的ジレンマ」、『教育・共同・平等――唯物論研究年誌』第三号、唯物論研究会編、一九九八年、所収。

[7] 鈴木聡『世代サイクルと学校文化――大人と子どもの出会いのために』、日本エディタースクール出版部、二〇〇二年、42頁。

[8] 同、45頁。

〔9〕同、42頁。
〔10〕同、47頁。
〔11〕同上。
〔12〕同、46頁。
〔13〕同、47頁。
〔14〕そのテーマについて探求半ばにして他界した鈴木にとって、「治療文化」論がその端緒になっているのだと思われるが、それが彼の学校文化論・学校づくり戦略との課題といかに媒介されうるのかは定かではない。なお、同書における関口昌秀の解説を参照。
〔15〕鈴木は、「家族と学校まるがかえの〈学童期〉とは区別される〈移行期〉の出現」として、このタームを使用し、現代における「〈成人期〉への渡り」のライフステージとしての、その「世代」固有の特徴を描こうとした。同書、11～14頁。
〔16〕同、37頁。
〔17〕同上。
〔18〕この点で、鈴木聡が触発されたとする議論が、藤本卓の「世代の自治」論である。「子どもの意見表明権と世代の自治」、『高校生活指導』一三九号他。なお、「世代と教育」という観点からさらに参照されるべきは、藤本卓「教育と世代間関係の問題」、『日本の科学者』Vol.35、二〇〇〇年三月、日本科学者会議編。
〔19〕同、65頁。
〔20〕『日本の科学者』Vol.34、一九九九年四月号、「特集：世代間コミュニケーションの病理」及び、鈴木剛『ペダゴジーの探究――教育の思想を鍛える十四章』、饗文社、二〇一二年を参照。「世代間コミュニケーション」というタームは様々な意味に使用可能だが、ここでは親子関係ないし大人と子どもの関係に固有な、すなわち本論で

いう〈世代〉関係に成り立つコミュニケーションを表す概念内容として理解する。また注［4］の拙稿を参照されたい。そこで筆者はさしあたり、世代間のコミュニケーション的契機をJ・デューイの主張に依拠してみた。ところで「世代間コミュニケーション」論は同時に、コミュニケーション論批判の契機をも媒介すべきもののように思われる。本論もまた、そうした理論作業の一環としてある。なお、やまだようこの議論も、世代間のライフサイクルの交叉の視点から「生成継承性generativity」（エリクソン）を中心概念に位置づける教育論＝「世代間コミュニケーション」論の構想の一つであり、注目に値しよう。「エリクソンの子どもたちと生成継承性《ジェネラティヴィティ》——もう一人のニールと、親としてのエリクソン」（『教育学年報8』、特集：子ども問題、世織書房、二〇〇一年）、参照。

［21］コミュニケーションというタームおよび思想（コミュニケーション観）にかかわる氏の基本的立場については、尾関周二『言語的コミュニケーションと労働の弁証法』、大月書店、一九八九年、特に21～33頁を参照。なお、教師—生徒の関係を核とする「教育」の本質に関するコミュニケーション論的把握についても同書は論じているが、そこではまだ、「教育」把握と「世代間コミュニケーション」との関連を詰める議論は展開されていない。

［22］尾関周二「世代間コミュニケーション・民主化・エコロジー」、前出、『日本の科学者』Vol. 34、一九九九年四月号、特集：世代間コミュニケーションの病理、21頁。

［23］同、23頁。

［24］同上。

［25］同上。そこでは「世代間コミュニケーション」は、それ固有の範疇では把握されることはなく、「学習」と「社会化」という範疇が当てはめられる。なお、J・ハーバーマス「史的唯物論の再構成に向けて」、清水太吉・木前利秋共訳、『思想』No. 695、岩波書店、一九九九年四月号を参照。

［26］尾関、同論文、24頁。

［27］この「パラダイム」が、とくに教育（哲学）研究者集団の下で「確固とした限定的なイメージ」を共有している

のかどうか、またはそれが「曖昧なままに共有されてきたパラダイム」であるのかどうか、などの議論について『教育哲学研究』第六九号、20頁を参照。そこで田中毎実は、その学会研究討議『ライフサイクルの危機と教育理論の再構築――「老いと死」、「出産と性」、「時間論」から――』の「総括的報告」の中で議論を整理しているが、その前提認識として以下のように述べている。「今日の高度産業社会では、……たとえば性、出産、こどもであること、大人であること、老い、世代関係、生涯、生命、一生、時間などの人間存在のライフサイクルに関わる諸概念もまた、理解の共通性や自明性を急速に失ってきている」(同、17頁)。

[28] 〈世代〉関係の出発点を親子関係にではなく、親族関係に置くべきだという宮澤の指摘については、宮澤康人「大人と子供の関係史の展望」、『大人と子供の関係史』第一論集、大人と子供の関係史研究会編、一九九四年、41頁。

[29] L・ドゥモース著、宮澤康人他訳『親子関係の進化――子ども期の心理発生的歴史学』、海鳴社、一九九〇年、216~217頁。後に宮澤康人著『大人と子供の関係史序説――教育学と歴史的方法』、柏書房、一九九八年に収録。

[30] 宮澤康人『大人と子供の関係史序説――教育学と歴史的方法』、柏書房、一九九八年、9~10頁。

[31] 同、14頁。また、P・アリエスの基本的な問題提起を「ソシアビリテの探求」と把握するのが、こうした教育史理解と関連してくる。アリエスのそれを「近代の子供史を、子供の囲い込み、あるいは、幼児ではない未成年者(というカテゴリーにほうりこまれた者)への管理・支配の強化の過程」(101頁)と見るのは早計であり、中心課題を次のように見るべきだという判断が示されている。

「ここには、親密者同士の愛を求める自己隔離(アリエスにおいて、近代はただちに個の析出ないしは孤立を意味しない。むしろ近代的な愛によって結ばれた一対の女と男の析出ないし孤立である)によって、けっきょく相互に孤立化するのが近代人である、というアリエスの基本的近代認識があらわれている。この点からみるならば、子供の囲い込みは、大人の自己囲いこみに必然的に伴う、その一部にすぎない、ということになる。ここからも

やはりアリエスの中心的主題は『ソシアビリテ』の探求である、とみなさざるをえない。」（１０２頁）

［32］同、６～８頁。

［33］宮澤康人「〈関係システム〉が生みだす〈教育主体〉——教育関係の歴史研究への回り道——」、『大人と子供の関係史』第四集、特集：教師論と関係史、二〇〇一年、大人と子供の関係史研究会、所収、95頁。

［34］同上。

［35］同、１頁。

［36］バジル・バーンスティン『〈教育〉の社会学理論』、久冨善之他訳、法政大学出版局、二〇〇〇年。長谷川裕による解題を参照。

［37］朝日新聞、二〇〇〇年五月二一日、夕刊を参照。

［38］Pierre Legendre, *Leçon VIII : Le Crime du Caporal Lortie. sur le Père.* Fayard, 1989. ピエール・ルジャンドル『P・ルジャンドル第Ⅷ講　ロルティ伍長の犯罪——〈父〉を論じる』、西谷修訳、人文書院、一九九八年、54頁。

［39］Pierre Legendre, *Leçon IV, suite 2, Filiation : fondement généalogique de la psychanalyse,* par Alexandra Papageorgiou-Legendre. Fayard, 1996., *p.173.*

［40］Pierre Legendre, *Sur la Question dogmatique en Occident, Aspects theoriques,* Fayard, 1999., *p.33.*

［41］西谷、前掲訳書、２８５頁。

［42］ピエール・ルジャンドル、西谷修「〝なぜ〟の開く深淵を生きる——宗教・法・主体」、坂口ふみ・小林康夫・西谷修・中沢新一編『宗教の解体学』（シリーズ・宗教への問い、第五巻）、岩波書店、二〇〇〇年、１４０頁。

［43］同、１３８～１４０頁を参照。

［44］Pierre Legendre, *Leçon VI : Les Enfants du Texte, Étude sur la fonction parentale des États,* Fayard, 1992, *p.435.*

# 第3章

# 「生を制定する」教育

## ――ルジャンドルの「ドグマ人類学」から

## はじめに

「規範意識の醸成」が強調される今日の政策動向[1]を背景に、子どもの規範形成と教育のあり方が学界でも積極的に論議されている。[2] 若い世代に形成すべく期待される「規範とは何か」[3]を問い、「規範を教育する」とはどういうことかを改めて問い直すことが重要な作業になると思われる。その際には、人間と社会との有機的な関連において「規範」を捉えつつ、子どもの「規範形成の論理」の構造的検討が必要である。[4] ここで構造的検討という場合、従来の教育研究においては必ずしも自覚的ではなかった一つの問題視角に、「規範と無意識」あるいは「規範形成への無意識の関与」という問題設定がありうる。[5]

この点で、ピエール・ルジャンドルの提唱する「ドグマ人類学 Anthropologie Dogmatique」から教育学が学ぶ意味は大きい。法学研究から精神分析にまで及ぶその理論構成は、特に無意識を不可欠の論点とする規範形成の論理に特質があり、教育理論にも示唆に富む内容を孕む。[6] 「規範形成への無意識の関与」に焦点づけたルジャンドル理論の方法と論理の検討を通じて導き出される教育イメージ、とりわけ「限界のドグマ的構築 une construction dogmatique de la limite」から示唆される教育概念について検討しよう。

ルジャンドルが無意識を前提としつつ、人間―規範―社会というトータルな視角＝方法から問題を論じる構えは、ベッテルハイムのフロイト理解のそれと共通するように思われる。両者はともに、人間理解の全体性に関わる方法意識、言い換えれば、無意識が前提とする社会構造、無意識が基底にもつ文化背景の決定的重要性について自覚的である。かつてベッテルハイムがアメリカ合衆国のフロイト精神分析受容の傾向を批判した際、最大の論点は人間における「魂の自然科学化の傾向」であったが、端的にそれは次のことを意味した。すなわち、アメリカ的フロイト受容によって無意識を含む人間性全体を表すはずの〈魂 die Seele〉=プシュケーが、〈精神 psycho = mind〉という医学の治療対象に還元されてしまった、と。それは、プシュケー=心の学問の、魂から精神への還元、ドイツ精神科学的伝統からアングロ=アメリカ的心理学=自然科学主義への縮減への批判であった。『フロイトとその魂』[7]の中で指摘されている、ドイツ語からの英訳への過程で生じた訳語の難点についてのベッテルハイムの仔細な指摘を読むなら、無意識のもつ社会的次元、文化的背景の問題に注意が喚起されることだろう。この点は、後述するルジャンドルの方法論にかかわり重要である。近年の講演テクスト[8]もこの点で興味深い文献となっている。

## Ⅰ 「個人―社会」の二項関係を超えて

諸個人の社会生活における規範的準拠の問題、これを根源的な意味で「生の制定instituer la vie（vitam instituere）」として把握する試みが「ドグマ人類学」であり、無意識の問題はその基底に位置づく。まず、最初に、規範形成の一般的理論化作業の先例として、比較論的にデュルケムとピアジェの道徳教育論の性格にふれよう。両者において「無意識」は、方法論として自覚的な位置づけは与えられていない。

デュルケムといえば、社会における規範的準拠の喪失を指す「アノミーanomie」の概念を想起するのが普通だが、ここでは直接論じはしない。[9]『道徳教育論』では周知のように、「道徳性の三要素」として、「規律の精神」「集団への愛着」「道徳についての知性的認識の獲得」が挙げられている。同書の編纂者フォコンネは、三つ目の要素を「意志の自律」というカントの表現に繋いで強調しているが、いずれにせよそこでは、社会的事実としての道徳的事実の合理的＝科学的認識が教育論の基礎になっている。同時に初等教育を念頭に置いて彼が強調するのは、小学校教師の権威である。それは教師の人格性を問題とするのではなく、教師の行動の規則性や態度の一貫性という、生徒＝主体にとっての外的な法則認識に由来するものだ。デュルケムが科学教育とりわけ自然科学教育（数学教育ではなく）を重視するのは、外在的なものの法則的認識の延長として社会＝道徳的事実を捉え、これによって規範意識を理解しようとするアプローチの方法と関連している。

ピアジェの道徳判断の研究では、子どもの一方的な尊重、権威への模倣的追従の道徳判断から協同的なそれへの質的転換、「他律から自立へ」という道徳意識の変化が語られる。「形式的操作の段階」（一一～一五歳頃）の知性の段階では、その事物的論理から命題的論理（「考え」を考える能力）への飛躍に対応するように、自己の感情を「内化」し、他者の感情を「内化」しもすることで、主体の内面生活は恒常的かつ社会的なものへと形づくられる。言い換えれば、認識における「保存」の能力に対応した「倫理（人と人との関係）」における保存が行われる。感情の発達と認識・知性の発達の並行関係という観点からピアジェを論じた、波多野完治の議論による次の指摘は興味深い。社会的感情の継続性＝固定化である意志は、知性との相互関係のもとで主体の「人となり」（性格）やパーソナリティを形づくる。この時期こそ、主体にとって社会は、親や教師や大人が示す権威という具体的準拠としてあることを終え、いわば「抽象的な社会」となって立ち現れる。[10] 彼らはその「抽象的な社会」の中に生きながら、その知性は規範的準拠を希求するようになる。「社会とは何か？」の問いは、「自己とは何者か？」という問いともなる。

以上のように、デュルケムとピアジェの理論は、個人生活における社会の規範的な準拠の形成問題についての説明とみなすことができるが、そこでは共通に規範的準拠をめぐる知性的・認識的な側面と主観的・感情的な側面との二項関係的把握がある。しかし、こうした二項関係論の枠組みを超えようとする試みが、ルジャンドルの問題設定だといえる。その際に提起される中心概念こそが、「ドグマ人類学」という命名の根拠となっている「ドグマ」の意味に他ならない。ギリシャ語の動詞「ドケオー δοκέω」に発する「ドグマ」とは、「演出」「上演」「ものの見え方・現れ方」を意味する。無意識の概念はそこに決定的な意義をもつ。つまり、無意識とその「ドグマ（上演）」という構造をもつ「規範」概念には、それ特有の理論的性格が与えられることになる。「ドグマ人類学」の問題設定には、通常の「規範」のイメージや定義を導くような従来の社会科学の方法を根底から批判するスタンスがある。「われわれの交わりは天空にある（Nostra conversatio in coelis est）」[11]との聖パウロの言を引いて、ルジャンドルは三項関係論理のコミュニケーション論を示唆する。二項関係的なコミュニケーション理論が前提とする「個人／社会の弁証法の通念」[12]が批判されるのである。

# Ⅱ　「生の制定」と「規範」のトポス＝理論的位相

## 一・表象と規範──ドグマ（学）は表象の問題に帰結する

ルジャンドルに従えば、規範morme とは、諸個人の生きる根拠に関わる理由Raisonであり、かつ準拠Référenceとなりうる何ものかである。それは科学的真理の先にある人々の「信」の次元に作用する。そして、ある迂回路を介してのみ「見えるように」なる何ものかとしての規範は、その意味で、表象représentation（ないし、イメージimage）のドグマ的問題圏にある。通常では目に見えない規範とは、「言語と無意識」という領野を介してようやく可視化されるのである。「ドグマ（学）は表象の問題に帰結する」[13]のであり、規範の本質はその問題圏の内にある、とルジャンドルはいう。

その際、フロイトによる「無意識の表象の発見」が決定的な意義をもつことになる。人間は、幻想＝夢と現実とのあいだを生きる存在といえようが、われわれはファンタスム（幻想・夢・妄想・想像）と現実との双方を生きながら、実はその二つの世界の区別をすることで、統合的に〈現実〉を生きる存在である。そして表象は、無意識をも含む人間の生の「二つの世界」を同時に渡り歩きながら「第三の位置」を確保しつつ、主体が生きる「準拠」を構築する。次のようにも言い換えられる。夢を「見る」私と覚醒時の私は、同一の〈私〉として何らかの「規範」に従い生きようとするのであり、従うべきその「規範」は、「幻想と現実というふたつの境位を包摂し綜合する言説のシステム」[14]に他ならないのだ、と。

イエスとノーの区別ができること（無矛盾律non-contradictionにアクセスできること）が現実の生ならば、それ（＝無矛盾律）が通用しない領域には夢の活動がある。夢ではすべてが可能であり、何でもありだ。しかし問題は、「二つの領野」の関係性なのだ、とルジャンドルは問う。[15] そこに夢ないし無意識の領野と現実の社会的生との架橋という問題が浮上する。

ルジャンドルはそれを「非理性と理性とからなるカオスを、生きたまま（そして狂わずに）共存させるための架け橋[16]」と表現している。この「架け橋」こそが、第三項＝準拠としての「規範」を構成する。規範とは、文化（文明）を創出する力でもあり、かつ同時に、主体（個人）の同一性を構築する力でもあるのだが、実はこの文化＝主体の構成論理こそ、フロイトの方法意識から導かれたものなのである。[17]

## 二．主体と社会（あるいは文化）の構造的な相互帰属

「文化の展開は、個人の展開と相似しており、それ（＝個人のこと）と同じ方法によって働く」（フロイト『文化における不安』一九二九年）。ルジャンドルは自身の仕事が、このフロイトの方法意識から着想を得ていると語っている。この発想の下にドグマ人類学は文化と個人との、言い換えれば、社会と主体との独自のアナロジーの論理を、〈無意識〉を媒介に、構築する。彼は近著の中で、人間と社会との関係を「主体と社会（あるいは文化）との構造的な相互帰属 *l'entre-appartenance du sujet et la société* (*ou de la culture*)[18]」とイタリック表記で強調し、精神分析の記述の対象となる主体の「表象の生の次元」と、法学・政治学による記述の対象となる社会の「制度的な次元」との構造的関係を強調す

る。主体と社会（文化・文明）とは、「相互帰属と呼ばれうるほど緊密な関係を生きている」[19]とする。主体にも社会にも等しく「言語的なもの」の分節や媒介が作用しており、そこに〈無意識〉を扱う精神分析の方法が導入されるのである。

たとえば、トーテムは、主体にとって単なる外的な建物なのではない。トーテムは、言葉をもつ主体の側の無意識を含む、心的＝表象的な生の「外化」された何ものかである。社会の「内」には、主体にとっての「規範的な準拠」が既にテクストとして編み込まれている。「テクストとしての社会」の意義についてルジャンドルは説明する。「ドグマ的建築をめぐって考察することは、もっとも基礎的な人類学上の与件、つまり人間を種として特徴づけている言葉という現象に依拠しながら、社会を〈テクスト〉であると考えること」[20]なのだ、と。〈テクスト〉という次元にこそ、主体、社会に次ぐ第三の場としてのトーテム的審級、一つの規範秩序が見出される。言い換えれば、文化＝テクストとしての社会は、「主体＝社会」の無意識の層を含む「ドグマ的記憶」の「堆積物」に他ならない。社会は、集団的無意識としての文化の相を堆積させているのである。フロイトは「原父殺し Urvater」の禁止とタブーをとり上げながら、その方法意識について以下のように述べていた。

…個人の精神生活におけると同様の精神過程が、集団心理においても行われているものだという仮説を、われわれがいたるところで基礎としているということは、だれしも気づくことである。とくにわれわれは、ある行為のために生じた罪意識が数千年にわたって存続し、この行為について何ひとつ知るわけでもない世代にあっても作用しつづけるものとした。[21]

この集合的記憶が文化として世代を通じて引き継がれるという視点は、ルジャンドル流に言い換えれば次のようなことを意味する。つまり、「ドグマ的記憶」として堆積してゆく集団的無意識としての文化（社会の無意識）が、系譜的な秩序において持続され展開するという見方である。そこから「主体と文化の相互帰属的」な「生」の構造が、系譜的原理＝オイディプス神話と無意識の問題系として考察されることになる。「規範形成の問題」は、エディプス的三肢構造（母・子・父）の系譜的関係の相の下で、すなわち「言語と禁止」という論点＝トポスにおいて展開されるのである。その論点に移る前に、三肢構造における規範と権力の問題を経由しよう。

## 三、三肢構造と言語の役割——規範とは権力である

ポール・ヴァレリーがその詩人的・直感的な洞察によって、「世界とその構造の信託にもとづく生vie fiduciaire」[22]と言うとき、そこには世界に対する人間の生の境位に関する三肢構造的な把握が表明されている、とルジャンドルはいう。七世紀セビリアのイシドルス（『語源論』）を援用し、その解釈は敷

衍される。すなわち、「信じるうえでの規則 credendi regula」「生きるうえでの規律 praecepta vivendi」という二つの項（神話と法）に加え、これら二項を媒介する超越論的な第三項（トーテム的審級）が「生の図式」として提示されるのである。[23] この図式は、「規範的なものが発現するにあたっての諸様態」であり、かつ「規範を構築する三つの論理的契機」でもある。[24] それは、美学、法、政治の三つの契機の統合を表わす「ノモグラム」（計算図表）に譬えられている。[25]

美学、法、政治という三つの契機は、二つの場面において機能するという。まず〈社会＝文化〉の系。そこには信憑ないし神話という第一項、「規律と法」という第二項、そして規範秩序を創出する国家・政治・権力という第三項である。他方、〈人間＝主体〉の系。そこには夢・無意識という第一項、社会化された現実原則という第二項、そして〈父〉すなわち「差異化する権力 pouvoir différenciateur」という第三項が、同じように対応している。このように、〈社会〉と共に〈主体〉における第三項としての「差異化する権力」こそが、三肢構造＝三項的図式総体を成り立たせる一種の「オーケストレーションの機能[27]」を果たし、トーテムや紋章《エンブレム》や聖書や国家として可視化されることになる。それは〈表象〉に媒介された一つの〈姿〉において上演されるのである。

したがってそこから、ルジャンドルにおいて〈規範〉は、人間と社会（文化）との相互帰属的な関係の下で展開する〈モンタージュ〉によって創出される一つの「権力」ということになる。「規範」という語がラテン語の〈norma〉に由来し、元来は「直角定規」を意味すること、[28] それが幾何学的意味から、普遍的で「その帰結が不可避であるような論理[29]」とされ、ドグマの論理の中核をなす。この意味で「規範的なもの」とは、それ以上は疑いえない〈信〉を支える「権力的なもの」に他ならない。くり返すが、規範＝権力とは、モンタージュの産物として〈無意識〉と不可避の繋がりの下で、かつ〈表象〉を介して「上演」されるものに他ならない。

## Ⅲ　「生を制定する」教育——〈モンタージュ〉による「限界のドグマ的構築」

次にエディプス的三肢構造おいて、「規範＝権力」の問題を検討しよう。言語の一般的な規範性（ラングとパロールの構造的関係）および、人間の意味世界への飛躍の条件としての言語のもつ「物質性の脱物質化[30]」という特質に加え、ここでわれわれはようやくこれを「禁止」の問題として論じることができる。まず「禁止」とは何か、それは〈inter-dit〉、すなわち、「間に置かれた〈言[31]〉」として再把握される。ここにこそ、「もの言わぬ存在infance」から別次元への飛躍が示唆されている。言語的〈法〉規範秩序への〈子〉の参入過程は、宿命的に遭遇する〈父なるものPère〉の規範＝権力的機能の実現過程でもあるという点を決して忘れてはならない。その事態は、子どもがエディプス的三肢構造の只中にその身を置くことを意味しているのである。

　更に説明しよう。人間の母語の獲得過程は、外国語（第二言語）の意識的な習得過程の次元を超えた意味をもつという点である。「話す動物」の人間化＝社会化過程には、主体が言葉の秩序に否応なく組み込まれるという、ある種の強制的事態が伴う。主体は、「禁止」という最初の〈法〉の制定の下で、世代間の系譜的論理に従う「第二の誕生[32]」を経由する。それはエディプス期に対応する「言葉」と「禁止」への、すなわち、象徴秩序と法秩序への参入の事態として、人類にとってはその都度世代の再生産としてなされるのである。禁止が言葉によってなされるという事実にこそ、「人間という種の要請[33]」がある、というのがルジャンドルの主張の強調点の一つだ。

　ではこのメカニズムの詳細を描いておこう。母親との融即状態にある子どもは、やがて母との訣別を強いられるが、その際の「分離」のモメントこそが、「父 Père」と呼ばれるものの存在である[34]。「父」はまた、母・子一体化（母＝原初への回帰）の「禁止」を子に告げるものとして、つまり、「禁止」（inter-dit : dire d' interposition 間に置かれた言による）の体現者として立ち現れる。主体＝子どもの側からすれば、そこから分離されたものとしての「母」、分離をもたらす「原因」としての〈父〉が見出される。「父によって母と子は分離される」という事態は、「言葉によって世界と主体が分節される」ことでもある。こうしてエディプス的三肢構造のなかに子が身を置くことで成就される事態は、子にとっては「近親姦（母との一体化）の禁止」と「殺人（父殺し）の禁止」として表象されるものだ。前者を主体の〈定位〉、後者を主体の〈規範化〉と呼んでもよいものだ。

さてルジャンドルには、〈主体と鏡とイメージ〉という三項関係＝三肢構造において主体の「分割」と「制定」を論じ、identity の根拠となる自己の他者性を導き出すという理論的作業がある。そのルジャンドルの鏡像論には、一見ラカンのそれを連想させるものがある。だがその説明はルジャンドルに独自のものだ。その三項理論は、ラカンの〈想像界・象徴界・現実界〉の世界像の構造把握とも異なる。何よりも〈制度〉論的な観点、すなわち「生を制定するinstituer la vie（vitam instituere）」というルジャンドルの理論枠組みに、そのオリジナリティは由来しているもののように思われる。[35]

注目すべきは、エディプス的関係が子にとって「生きうる」ものへと変換＝制定（定位と規範化）される事態においては、話す動物＝主体が否応なしに蒙る「限界の構築」という論点が提出されているという点にある。「人間という種の要請」としての規範形成には、「限界の問題構成 la problématique de la limite」とも「限界のドグマ的構築 une construction dogmatique de la limite」[36]とも表現される中心的論点が伴う。その事態は「人間における交代の法の系譜的正義」として、〈贈与〉論的な視点から論じられる点が重要なのである。〈祖父・父・孫〉という三世代における循環サイクルにおいて行われる〈贈与〉の「上演」、すなわち「意味を持つ財の交換次元」と「表象の伝達＝交換」の一体的関連を強調して、ルジャンドルは新たな世代としての子が旧い世代（債務者）に対して有する「限界の債権者 *créanciers de la limite*」たる資格について論及するのである。[37] それは、「自己に限界」を定めるべく要求された、子の世代が旧い世代に対して保有している〈資格=権利〉の承認という側面をもっている。

ところで、「表象の想起」としての「記憶」は、縷々説明してきたような〈モンタージュ〉による限界の制定論理に従っている。われわれの記憶は――人間の各個人のであれ、社会の集合的記憶としての歴史であれ――、先行する世代との関係の下でつくられる系譜的構築物として、限界の設定を施されたものとしてあるはずだ。「語る種が発明した偉大な道具であるこの〈モンタージュ〉は、世界表象を無矛盾律で縛り上げるための、言わば紐だ[38]」とルジャンドルはいう。このことの帰結は、人間が「幻想と現実というふたつの境位を包摂し綜合する言説のシステム[39]」をもつ理性的存在であることの別表現だった。それは、もうそれ以上は〈遡及・背進〉が不可能な「信」の次元をも捉え、そうした「自明の真理」「自明の前提」をも疑う人間の理性――ルジャンドルが大文字の理性=理由Raisonと表記するところの――、すなわち〈ドグマ的理性〉の中核をなすものだ。〈モンタージュ〉とは、そうした表象の構築としての規範形成の行程であり、かつ言語の規範性の要請に従い、そして夢=無意識において「上演」される「筋立て=物語」から成り立っている[40]。「言語は物語のように構造化されている」（ラカン）ように、「無意識は物語のように構造化されている[41]」のである。

主体が主体として形成されるプロセス、主体の成長過程としての第三項=準拠としての規範の構築過程には、様々な表象が介在する。それは「テクストとしての社会」の構築物の様相として、文化の「かたち」が主体の規範意識として継承される過程でもある。つまり、主体は、主体の属する社会=文化

〈言語的構築物〉と相互帰属の関係にあるがゆえに、主体＝社会に共通するイメージが「規範」として与えられるということなのだ。その意味で、規範は文化として視覚化され、具象化されたものとして、われわれの意識に現前するのである。したがって〈規範〉は、宗教・科学であれ、芸術・広告であれ、そして、たとえば国旗・国歌やユニフォームであれ何であれ、イコンや紋章《エンブレム》、その他の美（学）的なイメージ（音楽でさえ）を伴うだろう。その形成過程にいかなる「限界」が作用するのか、そのことが問題となる。したがって規範形成＝規範教育の課題は、その問題をめぐって設定されることになるのだといえよう。

## 結びに代えて――限界の構築と教育のイメージ

ルジャンドルの規範形成論は、無意識を社会＝人間理解の根底に据えることで、規範を三肢構造において捉えつつそれを第三項という場に位置づける。人間形成の根底にある無意識と言語の深い介在をフロイトの方法を借りて追究する、そのあり様をわれわれは見てきた。〈モンタージュ〉による人間形成論理が、主体＝社会の相互帰属という方法を通じて独自の規範形成論として練り上げられていた。そこで強調されるべきは、規範形成が系譜的原理のもとで達成される「限界のドグマ的構築」としてある、という点であった。そのような限界の構築がなされる系譜関係＝世代関係のイメージを、どのような教育関係のそれとして描くことが可能だろうか。

例えばルジャンドルは、「限界の構築」に失敗しているわれわれの社会が表象する「広告」戦略を槍玉に挙げている。グローバル化した産業社会とそれを基礎づける科学的・西洋的合理主義が、「規範」の権力作用の場として広告産業を生み出し機能させている。そこで実現するのは、「動物の条件づけ」と「大衆の脱主体化」[42]であるという。この社会での「解放された主体の自己定礎 auto-fondation du sujet libéré」[43]の下で推進される「自由という規範」は、子ども世代に「制限なし non-limite」の「規範のセルフサービス le self-service normatif」[44]を行わせているという。ここには、系譜原理の下で〈モンタージュ〉が果たすべき「限界の構築」機能が放棄されていると言わねばならない。ルジャンドルの診断はまた、子どもの権利条約の思想が孕む「子どものオートノミー」のイデオロギー傾向をも批判することになる。[45]では、「限界のドグマ的問題構成」が機能する〈教育〉をわれわれはどのようなものとしてイメージしうるのだろうか。その論点に関わる三つの話題を提示し、本章の結びとしたい。

第一に、かつて河合隼雄が教育に対して与えた「壁になる」[46]というイメージについて言及したい。河合は、思春期の子どもに対する大人の側の「守りとしての役目」とともに「前進を妨げるという性格」という、「壁としての道徳」の二面性（の自覚）を主張していた。「大人になることのむずかしさ」を「こころの深層」次元から論じる彼の仕事は、教育を「カウンセリング・マインド」による仕事へと水路づけた。だが実際には、「壁になる」というイメージよりも、『心のノート』による道徳教育に見られる傾向は、子どもの「心の内面管理」に傾く。夙にその危険性は指摘されてきた点だ。

「壁になる」というイメージには、他方で河合自身が批判するような、誤った「壁」としての声高な「父親の復権」論がある。河合自身が批判していたこの権威主義的教育論と先の「カウンセリング・マインド」とは、政策のなかに並行的に位置づけられてきた。わが国の学校教育における規範教育の基調は、こうした「愛国心」教育と「カウンセリング・マインド」の組み合わせから成るといえる。しかしルジャンドルの規範形成論としての「限界の構築」の主張は、これをむしろ根底から批判するものだ。心理＝操作主義と権威主義の双方への批判である。

第二に、「もの語り」行為としての教育というイメージである。本章冒頭に紹介したように、ベッテルハイムは魂の示す人間的な全体性というモティーフの一環として、子どもへの「もの語り」について論じていた。大人による子どもへのその働きかけは、子どもの魂への「意識と前意識とそして無意識にも働きかける[47]」作用であるが故に意味を持つと考えられている。だからこそベッテルハイムは次のように言い切るのだろう。「昔話は、子どもに読んでやったのでは、その真価を発揮しない。昔話に含まれる慰めや象徴的な意味や、とりわけ人と人とのつながりにおける意味を、子どもに十分味わわせるためには、どうしても、語らなければならない。[48]」と。

子どもの成長と教育を物語的関係性の視点から論じるものとして、「物語としての伝達」行為と捉える信田さよ子による教育イメージが参考になる。信田は三世代にわたる「家族図（ジェノグラム）」を提示し、「世代連鎖」の枠の中での「価値の伝達」を問題とした。それは「物語としての伝達」を〈教育〉のイメージとするものであった[49]。それは規範形成イメージのステロタイプを克服しつつ、ベッテルハイムの魂の次元を示唆させるものがある。

第三に指摘しておきたいことは、〈世俗化〉のもとで宗教的文化が持つ規範形成上の価値である。現代フランスの公教育施策、「宗教的事実の教育 enseignement du fait religieux」における規範形成の側面といえようか。宗教的イコンを含む〈文化〉としての宗教的事象が教育内容に編成されるばあい、そこで期待されることの核心は「（生きる）意味 sense」の理解なのだった[50]。伝統的にフランス公教育が死守してきた〈知育 instruction〉という枠組みの下での市民（性）育成教育の課題を、「限界のドグマ的構築」という観点から再検討することが有意義であると思われる。

注

［1］青少年の規範意識の低下が問題とされる今日、道徳教育と生徒指導による規範意識の醸成が、政策課題として挙げられている。二〇〇六年一二月の改正教育基本法成立以降、「教育再生会議」はその第二次答申（二〇〇七年六月一日）において「規範意識の醸成」を強調し、「道徳の教科化」などが議論の方向に登場していた。すでに第一次答申（同年一月二四日）では「すべての子どもに規範を教え、社会人としての基本を徹底する」とされてい

たのだが、今後この方向がいっそう強められることは間違いない。問題は「規範」や「規範意識」が何を意味するかが明らかにされないまま、国家への統合意識へと誘導されることである。規範意識の内容が不明なまま、議論が「モラルの低下」として語られる危険を指摘するものとして、以下の文献を参照。越智貢ほか『倫理と教育』（シリーズ・人間論の二一世紀的課題）、ナカニシヤ出版、二〇〇八年。

［2］教育哲学会第五五回大会の「研究討議」では、「規範と教育」というテーマの下にこの問題が検討された。現代的関心の割には「規範や規範意識に関する理論的な研究は意外に少ない」との指摘が、その企画趣意書にある。三人のシンポジストからは次のような理論的視座が提示された。①現代日本を「私事化する社会」と捉え、「私事化の両価性」を吟味しながら生徒指導領域で「社会的絆（social bond）」と「公」を軸とした規範意識の育成。②「心の教育」＝道徳教育の実践による規範意識の醸成。③新たな公共性の再編の課題を市民性育成教育（＝政治的徳の形成）としての規範教育を強調。同学会第五五回大会研究プログラム（二〇一二年九月）参照。

［3］たとえば、次の「規範」の定義を参照。「規範とは、社会的（または対人的）行為を規制する原理の総称」であり、「直接的には、妥当な行為様式に関する指示（指令）と、指示への同調を高めるためのサンクション＝賞罰の体系とからなる」。また、規範の種類としては、「一般に、習慣、道徳、法の三つが挙げられるが、このほかに宗教を数える論者もある」とする。『教育思想事典』、勁草書房、二〇〇〇年。

［4］先の教育哲学会での三つの提案は、教育の具体的かつ実践的状況を踏まえた理論的考察であったが、フロアーからの次のような意見が印象的であった。問題は規範意識の低下や希薄化という表層的問題ではなく、人間性の劣化や破壊の今日的進行という深い次元にあるのだ、と。本章もまた今日の現れをこのような人間＝社会論の基底において論じる必要性の自覚から書かれた。

［5］これは無意識と教育という主題でもあるが、「教育的無意識」という概念によって、宮澤康人は精神分析には限定されない根源的な理論志向を示唆している。宮澤康人『〈教育関係〉の歴史人類学――タテ・ヨコ・ナナメの世代

間文化の変容』、学文社、二〇一一年を参照。なお、「感化」作用を論じる教育心理学者の正木正の議論も、ここで「教育と無意識」論の系譜に挙げることができる。正木正『道徳教育の研究』金子書房、一九六三年。

［6］鈴木剛「『ドグマ人類学』と教育学」、『日仏教育学会年報』第一二号、二〇〇六年。

［7］ブルーノ・ベッテルハイム『フロイトとその魂』、藤瀬恭子訳、法政大学出版局、一九八九年。

［8］ルジャンドル『同一性の謎——知ることと主体の闇』、橋本一径訳、以文社、二〇一二年（原題は *Balafre, 2007*）。および、Pierre Legendre, *Le Point fixe ; Nouvelles conférences*, 2010, Mille et une Nuits. ルジャンドル『西洋をエンジン・テストする——キリスト教的制度空間とその分裂』、森元庸介訳、以文社、二〇一二年。

［9］ギリシャ語で「神の不在・無視」を指すアイモスをデュルケムが「行為を規制する共有された価値や道徳的基準を失った状態」の意味で社会学的概念として復活させた、という指摘については以下を参照。デュルケム『社会学講義』宮島喬・川喜多喬訳、みすず書房、一九七四年、解説。

［10］波多野完治『子どもの認識と感情』、岩波新書、一九七五年、167頁。

［11］Pierre Legendre, *Sur la Question dogmatique en Occident, Aspctes Théorique*, paris. Fayard, 1999, *p.269.* ピエール・ルジャンドル『ドグマ人類学総説——西洋のドグマ的諸問題』、西谷修監訳、平凡社、二〇〇三年、238頁。「ピリピ人への手紙」（三〜二〇）からの引用だが、新共同訳は「しかし、わたしたちの本国は天にあります」となっている。「われわれの交わり＝会話」とは「われわれの住処」を意味するとルジャンドルは言い、三項関係を強調して以下のように述べている。

「儀礼的なことばが由来するモンタージュの原理への暗示に満ちたトポスが、物事をはっきりさせる助けになるだろう。つまり、個人と社会の審級は決闘＝双数的（duel）な関係にあるのではなく、言語によるその絆は第三の要素、つまり、この言説の真実性と権威を定礎する真理の神話的場所の代弁者を含むということなのだ。」

［12］*Ibid., p.27.* 訳書、33頁。

[13] ルジャンドル「〃なぜ〃の深遠を生きる――宗教・法・主体」、西谷修訳、坂口ふみ他編『宗教の解体学』（シリーズ・宗教への問い・第五巻）、岩波書店、二〇〇〇年、142〜143頁。

[14] *Ce que l'Occident ne voit pas de l'Occident*, 2003. ルジャンドル『西洋が西洋について見ないでいること』、森元庸介訳、以文社、二〇〇四年、45頁。

[15]「そこには結果として、フロイトが無意識というそっけない用語で示した、闇の場所も含まれることになります。フロイトは別の場所という、もっと味のある、親しみやすい表現も用いていました。私たちの誰もが、睡眠という休息中にしか直接には到達できない、隠された、思い通りにならない場所です。／困難なのはこれです。つまり隠された場面から、意識される場面へと移ることです。人間の同一性とは、合成の、組合せの帰結です。別々の領域を組み合わせること、無意識の場面と意識の場面とを、『すべてが可能』の夢や幻想と、世界との関係や社会との絆が要請する限界とを組み合わせることが必要なのです」。ルジャンドル『同一性の謎――知ることと主体の闇』、橋本一径訳、以文社、二〇一二年、37〜38頁。

[16] 同上。

[17]「実のところ、『文明』なる極めて曖昧な語が口にされるとき引き合いに出されているのは、この力なのです。そして他ならぬ精神分析こそが、主体の構成という建築物、同一性という建築物に光を当てることで、私たちに地平を開きました」（同書、39頁）。

このように文明（文化＝社会）の創出が主体の同一性の構築でもあること、つまり、主体＝社会の構成の基礎には「規範形成の論理」があることを、ルジャンドル＝フロイトはソフォクレスの悲劇の筋書き、つまり、系譜的な論理のなかに見出したのである。

[18] 同上。および、Pierre Legendre, *Le Point fixe ; Nouvelles conférences*, 2010, *p.18*. ルジャンドル『西洋をエンジン・テストする』、森元庸介訳。

[19] ルジャンドル『同一性の謎』、邦訳書、43頁。

[20] *Le Point tixe ; Nouvelles conférences, p.82.* 邦訳書、90頁。社会をテクストとして捉える最近の議論としては、Paul Connerton, *How Societies Remember*, Cambridge University Press, 1989. ポール・コナトン『社会はいかに記憶するか――個人と社会の関係』、芦刈美紀子訳、新曜社、二〇一一年、参照。

[21] フロイト「トーテムとタブー」、邦訳書、フロイト著作集3、人文書院。

[22] Paul Valéry,《La politique de l'esprit》, *Le Point tixe ; Nouvelles conférences, p.80.* 邦訳書、87頁。

[23] *Ibid.*

[24] *Ibid., p.90.*

[25] *Ibid.*

[26] *Ibid., p.112.* 邦訳書、128頁。

[27] *Ibid., p.81.* 邦訳書、89頁。

[28] *Ibid., p.111.* 邦訳書、127頁。なお、新渡戸稲造も「一人前」を論じる際に論及しており、興味深い。『自警録――心のもちかた』、講談社学術文庫に所収、同43頁、参照。

[29] *Ibid.*

[30] 言語のもつ「物質性の脱物質化」の意義とは、人間が言葉をもつことで「表象の生」を生きるということ、見方を換えればそれは、人間にとって、世界に対する物質性の決定的な「喪失」を意味している。このことこそがまた、われわれがフィクション=制度を構築しうる決定的な契機でもある、とルジャンドルは述べる。「言語の働きは話す動物に物質性の脱物質化を突きつける。人間はものの純然たる物性《モノ》からの分離を生きねばならず、世界に対する他性の紐帯、世界との対話の紐帯のうちに入ることになります。世界はわたしたちに語りかけ、わたしたちは世界に語りかける。宗教的なもの、解釈システムの源泉はそこにあるのです。こうして世界は

言葉によるフィクションをつうじて隔たりのうちに置かれ、ひとつの舞台と化し、（これは言葉に内属する現象なのですが）時間の意識がその舞台に登場してきます」。*Ibid., p. 135.* 邦訳書、１５４頁。

［31］*Sur la Question dogmatique en Occident, Aspctes Théorique, p. 28.* 邦訳書、33頁。

［32］*Ibid., p. 31.* 邦訳書、35頁。それはエディプス期における「象徴的決定論 déterminisme symbolique」、「第二の誕生という絶対命題 impératif de la seconde naissance」であった。

［33］*Ibid.*

［34］行論からもわかるように、ルジャンドルがいう「父Père」とは、単に生物学的なものではなく、何よりも制度的なものとして把握され、「分離する権力」という第三項の役割を担う存在である点に注意。

［35］ここでは「鏡とイメージ」というテーマについては論及しないが、次の拙考を参照。鈴木 剛「世代間コミュニケーション試論（その三）」、『北星学園大学文学部北星論集』第四三巻第二号、二〇〇六年、50～51頁。なお、ローマ法制史研究から出発し、ラカン派精神分析の研鑽を経てそこには飽き足らず、さらに「制度」の深みを研究する意義を主張してきたルジャンドルの経歴上の理解は重要である。この点については、佐々木中『夜戦と永遠――フーコー・ラカン・ルジャンドル』、以文社、二〇一二年、１９２頁。

［36］*Op. cit., p.* 33. 邦訳書、37頁。

［37］Pierre Legendre, *LeçonVI, Les enfants du Texte, Étude sur la fonction parentale des Éats*, Paris. Fayard, 1992. *p. 35, p. 147.*

［38］ルジャンドル『同一性の謎』、邦訳書、78頁。

［39］注［14］に同じ。

［40］われわれは生涯のすべてを記憶しはしない。時間の持続をいくつかの「断片の構成物」とすることによって、われわれは記憶を表象＝再現する。だから記憶は表象による筋立てとして、モンタージュとして、物語的に「想起」

される。われわれが見る「夢」もそうだ。「断片の構成物」として想起される表象＝再現を人間は「見る」のだ。そしてまた、他人が見る夢を私は見ることができない。逆も然り。記憶、夢とは、そうした自己による表象のモンタージュに他ならない、ということをルジャンドルは教えてくれる。夢と現実との区別、その両方の領野を統合して生きる自己のアイデンティティ――そこには表象とドグマの論理としての「分割」と「制定」がある。さらに自己と他者との間にも、また自己と自己の内にある「他性」との間にも、その論理が貫かれている。

なお、記憶の創造的性格については、港千尋『記憶――「創造」と「想起」の力』、講談社選書メチエ、一九九六年を参照。


［41］久米博「準＝物語テクストとしての神話・夢・幻想」、『思想』七三五号、岩波書店、一九八五年。

［42］*Sur la Question dogmatique en Occident, Aspctes Théorique, p. 39.* 邦訳書、41頁。

［43］*Ibid., p. 120.* 邦訳書、１０７～１０８頁。

［44］*Ibid.*

［45］*Ibid., p. 184.* 邦訳書、１６５頁。

［46］河合隼雄『子どもと学校』、岩波新書、一九九二年、１９１頁。

［47］ブルーノ・ベッテルハイム『昔話の魔力』、波多野完治・乾侑美子訳、評論社、一九七八年。

［48］同上。

［49］「自分をこの世にもうけ存在を委ねた存在、そのまた上の世代の物語を聞くことは、そのまま自分にそれが注ぎ込まれて血肉になっていくという感覚なのだと思う。自分という存在に注ぎ込まれる川の源流の光景がくっきりと見え、その水流が豊かであればあるほど自分の物語がより明確に、内容豊かになっていく。祖父がいて祖母がいて、そして父と母がいて、この私が存在している。そのような物語をつくることが自己形成なのである。決して意志を強く持ち、生活習慣を身につけることだけが自己形成なのではない。」（信田さよ子「家族関係と世代連

鎖」、『日本の科学者』、一九九九年四月号、所収)。

［50］鈴木剛「宗教的事実の教育に関する『教育的アプローチ』をめぐって」、『日仏教育学会年報』第一五号、二〇〇九年。

第4章

# 「大人」と「子ども」

## ──「偉い」ということの意味

# はじめに

ルソーは『エミール』（一七六二年）の中で、「力」「必然」「無力」「拘束」という語に対して、「服従」「命令」「義務」「義理」さらに「王国」「帝国」「戦争」「征服」「革命」「法律」という一連の語を挙げて、二つの語群の概念的な対質を行っている（今野一夫訳、岩波文庫、上巻、123、171頁）。何の対質なのだろうか。

前者の語群が「人間と事物の関係」の観念であるのに対し、後者は「人間と人間の関係」を表す観念だとしている。前者は〈フィジック〉（物理的）に相応する言葉、後者は〈モラル〉（道徳的）のそれであり、両者の厳格な区別によって「大人」と「子ども」の異質性が強調される。ルソーに言わせると、子どもは、「理性の時期がくるまでは、道徳的存在とか、社会的関係とかいう観念はけっしてもつことはできない」から、「そういう観念を言いあらわすことばをもちいるのはできるだけさけなければならない。」（同上）という。

そこにあるのは、子どもに「理解できる」のか否かの認識可能性の問題であるとともに、大人と子どもの存在論的な異質性、両者における〈道徳性〉の有無の問題だった。何よりも「子ども」とは、〈道徳の外部〉に生きる存在なのだ。

結論としてルソーは、未だ成長途上の「子ども」という存在は〈道徳性〉を持たないが故に、「人間と人間の関係」（倫理的・道徳的関係）については〈理解〉しないのであるから、「子ども」への教育は、「人間と事物の関係」（物理的・肉体的関係）に限られるべきだと主張する。加えてルソーが生きた既存社会の道徳は「否定されるべき対象」だという彼の前提的立論からすれば、「既成のモラル」を教えることは二重の意味で誤りなのだとされる。後にも若干言及することになる彼の「消極教育（l' éducation négative）」論がそれを説明するが、本格的な検討については別稿を参照されたい。[1]

## I──大人のモラル、子どものモラル

ルソーからの問題提起を受け止めつつ、ここからは映画の「物語」が語る大人と子どものモラルに関する考察に場を移したい。『生まれてはみたけれど』（小津安二郎監督のサイレント代表作）という作品を観てみる。ホームビデオ化もされ、解説にはそのあらすじが次のように書かれている。

東京の郊外にある新興住宅地にサラリーマンの吉井一家が引っ越してきた。小学生の息子たちは近所の子供たちとケンカを繰り返していた。ある日、子供たちの間で誰の父親が一番偉いかという

ことになり、一同で父親自慢が始まるのだが、結論は出ない。そんな時、良一よりずっと弱い太郎の父親であり、良一の父、健之介の上司でもある岩崎杜平の家で十六ミリ映画の上映会が開かれる。良一は映画の中で、父が岩崎にペコペコと頭を下げているのを見てショックをうける。そしてその憤りを父にぶつけるのだった。

解説はさらに続けて、

…子供たちが互いに威張りあう前半のユーモラスな描写から、父親をなじり大人の世界を、皮肉をこめて告発する子供のシリアスなタッチへと変わっていく。画面全体に躍動感がみなぎる名作である。[2]

としている。そのとおりの名作だと思われ、九一分が一気に走り抜ける。そのスピード感にも驚かされるが、登場する子供たち、子役たち（弟役の子役〝突貫小僧〟は有名である）の存在感も秀逸なものだ。ところで、この映画での（あるいは解説そのものにある）キーワードは、「偉い」である。物語のクライマックスは、この「偉い」の《意味》理解をめぐって展開される、大人と子どものモラルの〈争い〉なのだという、ひとつの見方が許されよう。「偉い」とは、人と人の人格的関係意識（＝モラル）にかかわる表現である。映画の主人公は子ども（二人兄弟の少年たち）であり、作品（あるいは映画監督）

の視点も「子どもの側」にある。だから、子どもたちにとって「偉い」のは、身体が「大きい」からであり、年が「上だ」からであり、また「腕力」があり、ケンカに「強い」からである。ときとしてそれは、力では劣勢だが、ケンカにおいては「勝つ」知恵や術を心得ているから、という理由による。こういう分かりやすい基準で、子どもたちの世界は「回って」おり、ケンカが絶えなくとも、彼らはそこで幸福に暮らしているのだ。

こういうとき、生まれてこのかた、絶対に「偉い」存在であると信じて疑わなかった我が父親が、自分よりケンカの弱い仲間の父親にペコペコと諂《へつら》うような、ご機嫌取りを演じる光景を目の当たりにするとしたら、これはどうだろう。友人の太郎宅でのフィルムの一六ミリ上映会から我が家に帰って、まったく「面白くない」息子たちは、父親に抗議し、詰問する。映画からそのやり取り（サイレントであるので字幕となる）を紹介するとしよう。

息子：「お父ちゃんは僕達に偉くなれと言っているくせに、ちっとも偉くないんだね……どういうわけで太郎ちゃんのお父ちゃんに、あんなに頭下げるの？」
父　：「太郎ちゃんのお父さんは重役だからだよ」
息子：「お父ちゃんだって重役になればいいじゃないか！」
父　：「そう簡単にはゆかんよ、お父ちゃんは岩崎さんの会社の社員だからね、つまり、太郎ちゃんのお父さんから月給もらっているんだよ」

息子：「月給なんか貰わなきゃいいじゃないか、……そうだ！そんなものこっちからやればいいじゃないか（と弟）」

父　：「お父さんが月給を貰わなかったら、お前達は学校へ行く事も、御飯を食べる事も、出来ないよ……」

こんなやりとりが続くのだが、これでは息子たちには到底承服できない。

息子：「どうして太郎ちゃんのお父さんだけ重役で、うちのお父ちゃんは重役でないの？」

父　：「太郎ちゃんとこはお金持ちだからだよ」

息子：「お金があるから偉いの？」

父　：「お金がなくて偉い人もある」

息子：「お父ちゃんはどっちだい」

父　：「どうしてお前達はそんな事をしつこく聞くんだい！」

息子：「やっぱり偉くないんだな……」。（弟）「そんな顔、コワカねいや！お父ちゃんの弱虫！お父ちゃんの意気地なし！」

母　：「お前たちはいい児だから、おだまりね……」

息子：「僕は太郎ちゃんより強いし学校だって上なんだ！大人になって太郎ちゃんの家来になるんなら学校なんか、止めだ！[3]」

父はとうとう我慢が切れて、息子の尻を何度もひっぱたく。泣き出した息子らを母親はなだめ、もう少し優しく取り扱ってくれるよう夫に抗議の眼を走らせるのだった。

「でもあの場合、ああやるしかしかたがなかっただろう。」（夫）

「それはそうに違いないけれど……」（妻）

しばし考えてみるに、息子たちの言い分は「正当」なものなのだともいえる。父親自身としてみれば、オヤジの権威を保守する自分と、上司に媚びる自分と、二つの場面で〝異なるキャラ〟を生きる自分に嫌気も差そうというものだ。タバコを燻らせて、戸棚から出したウヰスキーを呷《あお》る父親の悲哀がそこに表現されている。実人生において演じることを強いられた、小市民の妥協、卑屈な諂い、そうしたものを我が子に見透かされたという思いの方が、勝ったのかもしれない。

ともあれ、父と息子との間で展開されたこの「偉い」の意味の理解をめぐる〈抗争〉は、われわれから見れば、大人と子どものモラルをめぐる世界像の「対抗の構図」を象徴するのであり、子どもの視点からみればそれは、死に物狂いのプライドを賭けた闘いでもあったのだ。「大人のモラル」を垣間見た息子にとって、それは見えない未来を「予期」させるもの、人生途上のひとつの避けがたい「壁」を意味していたのかもしれない。彼らにとってそれは一つの試練なのだ。小津自身がこのサイレント映画を評して、たんなる「子どもからはじまって大人に終わる話[4]」とする表現は意味深であり、アイロニカルに市民社会の本質を捉えるその映像効果は意外に大きい。なぜならそれは、「偉い」という語をめぐる「意味」の変容と移行を将来において強いられることが、既に予告されていると解釈されるからだ。先に見た親子の「闘争」シーン、それは滑稽でもあるが「残酷」な一場面でもあった。映画はそれを子どもの目線で捉えていたのだったが、同時に大人の苦悩をも父親の姿を通してリアルに描いていた。人生の「不条理」と大人世界の現実の意味とを照らし出す〈光原〉として、「子どものモラル」（「偉い」の単純明快さ）が機能していたといえよう。

再び映画の冒頭シーンに目を向けよう。そこには、『生まれてはみたけれど』という作品のタイトルバックに先んじて、一つの〝エピグラフ〟が、桃太郎誕生の絵とともに掲げられていた。それは「大人の見る絵本」とあった。何よりも、この映画は大人が観るべき物語なのだということらしい。一九三二（昭和七）年の作品である。

## Ⅱ 「モラル」という《意味》世界

ここで再びルソーに立ち戻ろう。「人間は自由な者として生まれた。しかも、いたるところで鎖につながれている。」というのは、『社会契約論』の本論冒頭の文章である。これが『エミール』では、第一篇冒頭の、「造物主の手をはなれるときすべては善いものであるが、人間の手に移るとすべてが変質する（dégénérer）。」となるが、そこに放たれるメッセージは二つの著作に共通である。後者が、サブタイトルを「（あるいは）教育について（*ou de l'éducation*）」とすることで、考察の対象は、わたしたちが「はたらきかけるべき主体[5]」、すなわち、「子ども」という存在に焦点づけられてゆく。「人間の手」、言い換えれば、人間自身が作りだす習慣、臆見、因習、そしてすべての社会的制度が人間的自然を絞め殺す、というルソー的旋律が奏でられる。

それはある意味で、小津の映画『生まれてはみたけれど』と類似のメッセージとして受け止めることも可能なのだ。子どもは大人が作った世界に生まれ出て、そう遠くない時期に大人のモラルを塗り込まれかねない運命の下に置かれている。いずれそうなる運命ならば、今ある子ども時代を幸福に過ごすために、大人のモラルはできるだけ遠ざけることにしよう。ましてや、モラルの説教などは、もってのほかである。ルソーのいう「消極教育（l' éducation négative）」とは、そのようなモティーフに拠るものである。よりよき人生のためにこそモラルの教育を、と人は考えがちだが、遅かれ早かれそのような大人のモラルの壁に直面する時の到来が避けられないのなら、子どもに先走った教訓を与えるよりも、予想される試練に十分に耐えられる力の獲得こそが重要な課題なのだ。その力、モラルの礎となる力こそ、

「子どもとしての成熟」であり、「感じることを学ぶ[6]」とさえいわれる「経験による鍛練」によって保障されうる。「子どもとしての成熟」こそが、必要な「（事物による）教育」なのである。

ルソーによれば、不幸とは、人間にとってもまた子どもにとっても自分の力を超える欲望に支配され、翻弄されることである。そのような不幸な状態では自分が自分自身ではいられない。そうした状態でなく、自分が自分であることの充足こそが、ルソー的な幸福の概念なのだ。自己の欲望が、世論や社会制度によって捏造されるとき、人間本来の欲求は死に絶える。ルソーにおける「子ども」とは、作為的虚構の極みに立つ「社会状態に生きる自然人」であるともいえるが、もし子どもの世界にモラルという言葉があったとしても、それは限りなく単純かつ素朴なものなのである。言い換えると、そのモラルは、形容矛盾の観すらあるが「物理的（身体的）モラル」なのだといえよう。それは現実社会での幾多の変質を予定されている「人間対人間についての倫理的関係[7]」には到達していないモラルなのであって、先の小津映画に見られた「偉い」の意味理解をめぐる「子どもの論理」に照応しよう。

ところで、『人間不平等起原論』におけるルソーの考察から読み取れるように、自然的不平等を社会的不平等が幾重にも増幅させ変質させ、そこに新たな差別的意味を作り出すのと同じ論理において、「物理的モラル」（子どものモラル）を社会制度（大人のモラル）はつくり変えてしまう。そこに社会的な《意味》が新たに作り出される。モラルとは、《意味》の創出機能と深いつながりをもつ概念なのだ。そしてまた、子どもの物理的モラルは、社会制度（大人のモラル）への批判原理にはなり得るとしても、しかし後者のモラルの威力は圧倒的である。小津映画に表現されていた「偉い」という大人の概念への《意味》変容作用は、若い世代としての子どものモラルにその威力は及ぶ。

それは、社会意識の反映を伴い、現実の階級関係の忠実な反映とは言わないまでも、その一定の「歪み」を彼ら若い世代に刻印することになる。規範意識あるいはモラルとは、この意味において何よりも社会的階級意識ともイデオロギーともいえるが、こうした意味には還元し得ない点がある、ということがさらに重要なのだ。それはどういうことか、それを今暫く考えてみることにしよう。道徳とは何か、モラルとは何か、という問いに接近することになるだろう。

## Ⅲ　モラル・自分・意味

この主題に関わっては哲学者・戸坂潤の考察が参考に値しよう。彼の著書『道徳の観念』におけるその結論は、「かくて道徳・モラルとは、一身上の真理のことだ。[8]」（引用文中の強調点は原文による）ということであるが、この一見平凡に見える規定にも、われわれの考察にとって有益な示唆が含まれているように思われる。

『道徳の観念』というタイトルにも窺えるように、戸坂の接近方法は多分に認識論的である。「道徳の観念」、すなわち、われわれが道徳ないしモラルというものを如何に見るか、が分析の主題となっている。モラルについてのわれわれの抱く「観念」が分析対象だと言ってもよいだろう。そこでの考察は、道徳に関する通俗的観念、道徳に関する倫理学的観念、道徳に関する社会科学的観念、そして、道徳に関する文学的観念という順に進められる。われわれの言わば「洞窟のイドラ」たる通俗的・常識的道徳観念から出発して、順に学問的（ブルジョア的）そして社会科学的（マルクス主義的）というように、通俗性・常識を離脱しつつ理論的・認識論的深化をめざすことが、『道徳の観念』の任務であったといえよう。

そして、「一身上の真理」という道徳観念の規定は、この最後の「道徳に関する文学的観念」の段階において与えられたものにほかならないが、それは理論的に深められてはいるが社会規範に還元された社会科学的道徳観念（概念）の克服・発展概念なのだと言える。道徳・モラルの観念（概念）は、社会規範・階級規範として、つまりイデオロギーとして説明されうる道徳観念ではあるが、しかしそれのみでは「道徳」固有の規定を得ることはできない。戸坂は言う。

> 社会を特殊化せば個人になる。ここまでは明らかに社会科学の領域だ。併しこの個人を如何に特殊化しても「自分」にはならぬ。[9]

そしてまた、次のように診断する。

……特殊化の原理が「個人」以上に進行し得なかったのだから、社会科学的方法は個人の処で止まらざるを得ない。つまり一般に社会科学的概念は、そのままの資格に於てでは、「自分」という事情をうまく科学的に問題にできないのである。[10]（強調点は戸坂による）

すなわち社会科学的道徳観念は人間を〈社会―個人〉の水準で把握するに止まるが、文学的道徳観念はそれを〈自分〉なるものにおいて、他人と取り換えの効かない「一身上の」水準において把握しようとするのである。ここに、「道徳・モラル」を勝義において問い得る文学的道徳観念の長所があり、戸坂の道徳論のオリジナリティがあったのである。社会科学は個人を問い、文学は自分を問う。モラルの意義は〈自分〉という水準において、初めてその本領を獲得する。言い換えれば、モラルとは何よりも、一人称的認識に属する問題なのであり[11]、それは他の誰のでもない、この〈私〉自身にとっての意味の問題なのである。

だが、さらに重要なことは、戸坂の言うようにそれが決して単なる私事などではないという点だ。「私事とは社会との関係を無視してもよい処のものだ。処が一身上の問題は却って正に社会関係の個人への集積の強調であり拡大であった。[12]」のである。私事に解消されるモラル（独善的モラルの観念）は、言わば文学主義だと戸坂は言うだろう。あくまでも〈自分〉とは社会的個人としての規定を受けたものであり、モラルは常に社会的モラルである。と同時に個人は自分であることによって、モラル（意味）

は成立する。こうして社会科学による個人概念が〈自分〉にまで上昇すること、モラルの観念が「科学的概念が文学的表象にまで拡大飛躍すること[13]」が必要なのであった。そしてこの飛躍とは、戸坂によれば「この科学的概念がモーラライズされ道徳化されヒューマナイズされること」であり、「この概念が一身化され自分というものの身につき、感能化され感覚化されることだ。[14]」とされている。まさに、「『自分』を発見するということは、そんなに素手で方法なしに出来るものではない。[15]」ということなのである。

さて、戸坂の言う方法論上のこの「飛躍」、科学的概念から文学的表象の獲得への跳躍は何によって可能となるのか。それを可能とするのが、「意味」というものにほかならない。「個人」と「自分」との、すなわち（社会）科学的概念と文学的表象との橋渡しとなる媒介的鍵概念こそ、「意味」なのである。認識論的にこの「意味」なるものに正確な規定を与えることが、戸坂の関心となり課題となる。それは、あのマルクスの『ドイツ・イデオロギー』が、その大半をさいて批判の標的とした「聖マックス」・シュテルナーの主我主義的「自分」概念に対する批判の一環であったのである。シュテルナーの「観念論的な大風呂敷」（戸坂）は、「自分」なるものを世界の「創造者」という説明原理にまで捏造しようとする。それは「典型的に云い表されたエゴイズム（理論的又道徳的）なのだ[16]」。戸坂によれば「自分」とは、認識論的には存在ではなく意識に属する。個人は存在していても自分は存在するものではない。認識論的に言えば、自分とは意識であり意味にほかならない。その点で「聖マックス」が言うような自分を実体化する「自分」は、結局「個人」という抽象的水準に逆戻りするだけなのである。「『自分』とは実は、そういう世界の説明原理（創造者・元素・其の他）である或る物ではなくて、単に世界を見るものであり之を写す（模写する）ものなのだ。『自分』は個人とは異なって交換することの出来る物ではない。自分とは自分一身だ。之は鏡面であって物ではない。[17]」と戸坂は言い、「意味は厳密に云うと存在の因果所産でも何でもなくて、存在が有つ処の一つの関係のことだ。存在に意味があり、存在が意味するのである（意識が意味するのではなくて存在が意味するのだ。インテンションとは実は之だ）。[18]」とも、また、言うのである。

このように反映論ないし実践的模写説の立場から〈自分＝意味〉を規定したのち、彼は「存在・物・物質の秩序界」と「自分・意識・意味の秩序界」という両者の固有の自律的意義を確認しつつ、それらの弁証法的連関の論理（「論理的工作」）を説く。すなわち、「意味は更に意味同志、存在は云うまでもなく存在同志、の間に、意味連関や因果的交互作用的関係を有っている」。そしてまた、「存在の体系に意味の世界を附加することによって、存在の体系をば意味の世界を含んだ体系にまで、拡張的に組織し直さねばならぬということだ。[19]」と主張されるのである。

こうした「論理的工作」によって、科学的概念（個人）は意味の世界を含んだカテゴリー（自分）にまで改造され組織されたのである。「自分」を問題にする文学的な（といっても戸坂はそれを広義に芸術一般に於ける精神・イデーだと説明している）道徳・モラルの概念がこうして「意味」のカテゴリーとして自立することが可能となる。「道徳・モラルとは一身上の真理のことだ」とする戸坂の『道徳の観念』の結論的規定は、以上のような概念内容をもっていたのである。

## Ⅳ──意味と物語

こうした「意味」というものの概念的意義を介してみると、従来のモラルに関するありきたりの説明の抽象性を思わずにはおれない。つまりモラル・道徳を倫理学（Ethics）の対象と捉えてその語義から説明した、習慣（ethos）と性格（ēthos）との区別というのがそれだ。前者が慣習・風俗や社会規範というモラル・道徳のいわば外面的規定を指すのに対し、後者を性情や道徳意識という内面的規定とするやり方である。例えばデューイが道徳を「慣習道徳（customary morality）」と「反省的道徳（reflective morality）」とに分けたのには、単なる便宜的意味に止まらない狙いがありうるが、[20] しかしそこにもこうしたモラルの規定の痕跡があるだろう。

こうした規定は道徳に関する理論ないし科学の、まず、最初にやることである。先の戸坂における道徳の倫理学的観念の出発点に位置づくものがこれである。だが、この最初の一般的規定の意義に関わりなく、（ブルジョア）倫理学の歴史が行き着いたところは、結局戸坂に言わせれば、「道徳という常識観念を反復するものであるにすぎない」ものであり、「道徳は倫理学によって、全く卑俗な矮小な憐れむべき無力なガラクタとなる」のであり、そして「之が総じてブルジョア社会特有の個人主義のおかげである」[21]というわけなのである。この批判の上に戸坂が順次、道徳の社会科学的観念から文学的観念へと分析の展開を試みた次第はこれまで見た通りである。問題の焦点は、道徳観念の〈モラル・自分・意味〉という一つながりの水準なのであった。一人称的世界像の捉え直しとこれは深い繋がりをもつだろう。

ところで興味深いことには、発達心理学の側から「意味」の問題を「物語」についての考察につなげて論じる試みがある。浜田寿美男が『発達心理学再考のための序説』において試論的に述べるところは、従来の発達心理学における「個体」モデルの方法意識に対する批判であるが、そこで提出される基本的観点は〈私・意味・物語〉の一連の論点である。浜田においては、「主体にとって他人もまた主体である」(相互主体性)とする人間観の共同的・関係論的観点が、従来の支配的な心理学における「主―客」構図を批判する基本前提となる[22]。

今ここで全般的な検討の余裕はないが、同書の第三章「人間の生活世界をどう記述するか」に触れておく必要がある。浜田はそこで試みに、従来の心理学の人間記述(この場合、何でもよいが、発達心理学のテクストにみる「社会化」についての記述)と、文学の人間記述(島尾敏雄『死の棘』からの記述)とを比較対照し、前者における「私」の不在を述べている。これは単に学問的性格や任務の違いに還元し得ない、心理学の方法意識の難点として考えるべきだと、浜田は言いたいようだ。「個体の能力・特性を軸として人間を考える」心理学が捉える「人間の構図」では、自分が（又は他者が）人間という名の客観的刺激として登場することはあっても、生活世界を生きる生身の一個の主体として登場することがない。[23] これに対し、文学が捉える「人間の構図」には生身の生きる主体、「相互の能動と受動の絡み合う」人間主体が描かれる。文学はこういう「私」を問題にするのであり、心理学はこの水準を方法論的にも学ばなければならない、と繰り返し主張されている。凡その目指すところが次のように表明されている。

> 私たちがここで目指すのは、個体の「能力・特性」でもって人間を捉えようとする構図に対して、対話の軸からことばを論じ、あるいは物語の軸からシンボルの発生を論じ、自我の形成を論じるというふうに、複数の人間が、その相互主体性のうえで互いにやりとりし、繰り広げる「物語」でもって、人間の心的世界の全体を記述しようということなのです。[24]（引用文中の強調は引用者、以下同様。）

さて、他者との「共在的関係」にある「私」、他者と〈ここのいま〉に共在する「私」（同書、第二章参照）の形成の記述は、こうして単なる客観的・個体モデルの方法ではなされ得ないのだから、今やそれはあくまでも人間の「心的世界の全体」の記述をめざすものとしての「物語」として記述されねばならない、とされた。発達論と発達心理学に、今やこうして物語論が導入され、「発達を一つの物語として描く[25]」という試みがなされることになった。

そうして物語を物語として成り立たしめるには、物語性が必要だ、と言われる。つまり、生活史における個々の人間の様相の個別性を超える一般性（＝物語性）が必要だというのである。その一般性＝物語性の成立要件を、浜田は「物語が意味の脈絡であること」および「それが二人以上の人間の織り成すものだということ」の二点に求められる。そこから物語（性）とは、「複数の主体の織り成す相互主体的な〈能動―受動〉の絡み系」または「複数の人間の織り成す意味の脈絡[26]」だと規定される。またさらに、「意味とは主体に対する態度だ」（国語学者・時枝誠記）との見方を援用しつつ、以下のように浜田は意味と物語との関連を解釈している。

「意味」ということを根底から考えようとすれば、前述したとおり、その意味自体が、主体の行動・意識の脈絡の上にあり、さらにその諸々の意味が相互に脈絡をなして、他者の意味脈絡と絡み合っていることを見逃すことはできません。つまり、意味は、人間どうしの織り成す脈絡、流れの流れとして、本来のいみでの物語性のなかに位置づけて捉えねばならないわけです。[27]

こうした意味＝物語の基本的観点のもとに、「発達を物語として描く」（浜田）という試みがめざされた。こうした発達＝物語の観点からすると、われわれのこの記憶すら、ひとつの（意味）物語に他ならないことになる。「私」は単なる情報処理の「主体」や、記憶（情報）の「受容器」なのではない。この「私」とは、記憶物語の主体に他ならない。つまり、浜田によれば、

> いまこの〈実〉の世界を生きている「私」、さらには昨日の記憶物語の主体たる「私」、一年前の記憶物語の主体たる「私」、さらには二十年前の記憶物語の主体たる「私」……というふうに、なぜかしらそこに同一の自分を感じとっている「私」感覚が、記憶のもっとも根本的なところにあって、しかもそれが、他者との相互主体性の絡み合いのうえでこそ成り立っている。[28]

というのである。

これを反対に、〈忘却〉という現象から説明してみると事態は一層分かりがよいだろう。

> ……記憶世界をもとの実の経験世界の全体に重ね合わせてみれば、そこには忘却という名の大きな穴がいくつも空いていることになります。いや、穴が空いているというより、むしろ切れ切れの断片が残っているだけだと言ったほうが正確かもしれません。ただ私たちはこの断片を縫い合わせて見事に一つの流れを作り出しているわけです。[29]

こうした「流れ」としての記憶に独自の物語性があればこそ、われわれには〈思い出〉や〈回想〉の世界が存在するのである。それらはまた、しばしば現実と食い違いを見せ、ときとして歪められてもい

る。各人において意味が、そこに記憶として刻まれているからに他ならない。

この現実・経験と記憶・忘却との関連をもう少しピァジェ的なシェマに引き寄せていえば、「感覚運動的世界（現実世界）」と「表象的世界」との重なり合いの中で、「私」は生きられる、ということになる。別の表現を用いるなら、それは「現実世界での自他のやりとり」と「表象世界のなかでの自他のパースペクティブの絡み合い」との重なり合い、つまり「自他間の物語性」と「自我内の物語性」との関係性の中でこそ、自我は形成される、ということを意味している。[30] 意味をキー・ワードにして、このような〈発達＝物語〉論が試みられていた。

## V　モラルと物語、あるいは物語のモラル

「物語」がもち得るモラルに関わる性格について考えてきた。モラルの問題が、「意味」という概念を介して「物語」の領野に辿り着くことを論じてきた。それは、道徳・モラルが〈習慣・社会規範〉と〈性情・性格〉との言わば、人間の内・外の二面的性格を合わせもつ、といったボンヤリした規定による説明では何処か物足りないという問題意識から出た議論であった。戸坂の〈自分・意味・モラル〉といった一連の概念の連絡は、道徳観念の「科学的概念から文学的表象への飛躍」によってもたらされ得

るものであって、そうでなければ相変わらず道徳の観念は、「多くの場合、道徳律や修身的徳目のことでしかなく、善悪の標準のことでしかない[31]」と言われるように、ひたすら通俗性に堕落する運命にさらされている。この「〈自分〉とは文学的表象だ」との断定は重要だった。モラルはだから、自分＝主体にとっての「意味」を問う、という点で、倫理学の対象であるよりはむしろ優れて文学（広義）の対象だとされたのは、逆説的だが大変意義深いように思われる。

さて文学が、「自分」が、そして「意味」というものが、「物語」といかに親密な関係にあるかは、何も浜田の〈発達＝物語〉論を引き合いに出さずとも、実は自明のこととも言えるかもしれない。私小説というジャンルさえ存在することを想起されたい。

だがともかくそれが、発達心理学において醸成された問題意識である点に注目してみた。モラルや道徳という語で語られなくとも、能動・受動の「共在的関係」ないし「相互主体的関係」（浜田）にあり、それなおかつ時間系列において、ある自他の人格関係における意味を問題の中心とする限りにおいて、それは紛れもなくモラルを問う発達＝物語論と見なすことができた。「発達を物語として描く」とはそういう含意を明らかにもつ。確かにそうした視点と方法意識は、戸坂の認識論的方法意識とは異なるものであったが、この浜田の議論もまた、モラルに関するありていの説明の試みより、はるかに生産的な議論であるように思われる。道徳・モラルを直接に問わないことにこそ、むしろ深部においてその本質を言い当てることがあり得る。

では最後にここで、今少し議論を前へ進めて、「物語」の問題を「語る」、あるいは「物語る」行為という観点から考えてみることにしよう。

「寓話」がモラルの直接的メッセージの伝達を意図するにもかかわらず、むしろ子どもには道徳的に有害であり、反対に、道徳的メッセージを意図しない昔話・メルヘンの方がはるかにモラルにおいて教育的だという主張が、ブルーノ・ベッテルハイムによって論じられている。

そのうえで、大人の側の昔話を語る行為が重視され、次のように述べられるのだ。

　昔話は、子どもに読んでやったのでは、その真価を発揮しない。昔話に含まれる慰めや象徴的な意味や、とりわけ、人と人とのつながりにおける意味を、子どもに十分に味わわせるためには、どうしても、語らなければならない。もし読むなら、読み手は、物語と子どもの両方の感情を自分のものとして、物語が子どもに意味するだろうことを察し、感情をこめて読んでやらねばならない。語るほうが読んでやるよりいいのは、前者のほうにずっと柔軟性があるからである。[32]

「意味」を媒介とする「物語る」行為が、子どもとの関係において成り立つとき、そこでは何がどのように展開されていると言い得るのだろうか。周知のようにベッテルハイムの見解は、フロイト派精神分析の立場からなされたものであるが、むろんその昔話の解釈に関する限り多くの反論がなされている。例えば、歴史家の目から見れば、民話（昔話）とは通常、子どもたちを対象にしたものではないことが指摘され、何よりも「フロイトの概念を時代錯誤的かつ還元主義的に用いること」が非難される[33]。

ところで、当のフロイトの心理学（精神分析学）が実験・観察に基づくアカデミックな心理学に較べ、圧倒的に大衆の心を捕えたのは、主としてその物語的な分かりやすさにあった、と述べる浜田は、人の生活史を何よりも物語的に解釈するフロイトの意義を、その「心的決定論」つまり、人間心性を辿る「物語」的決定論であるという点に見いだしている。また、その際に、この心的決定論は意識界においては、理解不可能な現象を理解するために、解釈の枠組みを無意識界にまで拡大したこと、つまりは、「人間心性のなかで無意識の位置を確固たるものにした功績[34]」を評価しているのである。しかしこの〈心的審級〉としての無意識界は、むしろ意識界の副次的な位置に立つと考えるべきだが、フロイトないしフロイト派は、「物語」を無意識のオーダーに還元してしまう難点がある、と浜田は指摘する。この強度の無意識決定論では「意識—無意識」がどう絡み合うのか、われわれの生活史＝物語では「偶然性」がどう働くのか、などについての関心（それは物語が本来もっている）が弱い。むしろフロイト自身が、その点について正確な認識をもっていたとは思われない、としている[35]。

したがって、こうした状況を考慮すると、われわれとしては先のベッテルハイムの昔話と物語（り）行為の言及に関して、次のように考えるべきではないだろうか。すなわち、物語（り）は子どもの無意識に働きかけるというより、子どもの意識・前意識・無意識の重層的な構造として概念的に把握された、全体としての心的世界に、影響を及ぼすということなのである、と。むしろ、物語るという行為そのものがモラルの領域を支配し、子どもの自我形成に影響力をもつ、と言えそうである。加入儀礼・イニシエーションに関して与えられたミルチャ・エリアーデの規定が、ここで思い起こされる。それは狭義には〈哲学的に言うなら〉、「実存条件の根本的変革」であるとともに、広義には「一個の儀礼と口頭教育群（oral teachings）」が意味されていた。[36] 後者は何より口頭による伝承行為を意味し、そして、端的には、物語行為もその範疇に属するのではないか、と。物語（り）とは、その意味では大人と子どもとのあいだに横たう、世代間伝承の今日的一形態であることは確かなのである。坂部恵は、折口信夫の業績に触れて、〈かたり〉を「ひとのこころの形成にあずかる力[37]」と表現してもいる。こうした物語・かたり・口頭伝承論に孕まれた、幾多の問題群のうちにこそ、「子どもにとってモラルとは何か」を問うための基本的観点が見いだされ、再認識されるべきもののよう思われる。

**注**

［1］本章では、以下の『エミール』に示された文章を、①認識論的な側面からの説明、②道徳論的ないし存在論的な側面からの説明として二カ所だけ紹介する。

①「一見したところなんでもやすやすと学べるということは、子どもにとって破滅の原因になる。そういうふうにやすやすと学べるということこそ、子どもがなに一つ学んでいない証拠であることが人にはわからない。なめらかに磨かれたかれらの頭脳は、ちょうど鏡のように、まえにある物体を映しだす。しかし、なに一つあとに残らず、内部にはいっていかない。子どもはことばをおぼえ、観念は反射されるだけだ。子どもの言

うことを聞いている者にはその意味は分かるが、子どもにだけはそれがわからない。」（上、162頁）。

なお、こうした主張の更なる認識論的な根拠は、この文に続く、「記憶」と「観念」についてのルソーの理解にある。以下に紹介しておこう。

「記憶と推論とは本質的にちがう二つの機能であるとはいえ、それらはあいともなわなければほんとうに発達しない。理性の時期のまえには、子どもは観念ではなく映像をうけとるのだ。そして映像と観念とのあいだには、一方は感覚的な対象そのものの写しであるが、他方は、いろいろな関連によって規定される対象の概念である、というちがいがある。映像はそれを見る精神のうちに単独に存在することができるが、観念はすべて他の観念の存在を予想する。思い浮かべているときは見ているにすぎない。理解しているときはくらべているのだ。わたしたちの感覚は純粋に受動的だが、わたしたちの知覚あるいは観念はすべて、判断を行うある能動的な根源から生まれてくる。このことはあとで証明することになる。」（上、163頁）。

②「人はみな幸福でありたいと思っている。しかし、幸福になれるには、幸福とはどういうことであるかをまず知らなければならない。自然人の幸福はその生活と同様に単純だ。それは苦しまないことにある。それは健康、自由、必要なものから成りたっている。倫理的な人間の幸福は別物だ。しかしここで問題になるのはそういう幸福ではない。子ども、とくに虚栄心を呼びさまされていない子ども、まだ臆見によって腐敗させられていない子どもの興味をそそることができるのは、純粋に肉体に属するものだけだということを、わたしはなんどでもくりかえして言わずにはいられない。」（上、310頁）。

なお、次の拙論を参照されたい。「ルソーの消極教育論を再考する――「人間の条件の研究」の視座から」、『北星学園大学文学部北星論集』第五六巻第二号、二〇一九年、二月。

［2］『生まれてはみたけれど』（原作・ゼームス槇、脚本・伏見、監督・小津安二郎、一九三二年）、松竹ホームビデオ、松竹株式会社ビデオ事業部解説。

〔3〕『小津安二郎を読む――古きものの美しき復権』(ブックシネマテーク5)、フィルムアート社刊、一九八二年、113頁。
〔4〕同、23頁。
〔5〕ルソー『エミール』、今野一雄訳、岩波文庫、上巻、18頁。
〔6〕同、75頁。
〔7〕同、375頁。
〔8〕『戸坂潤全集』第四巻、勁草書房、268頁。
〔9〕同、262頁。
〔10〕同上。
〔11〕汐見稔幸『地球時代の子どもと教育――情報化社会における新しい知性とヒューマニズムを求めて――』、ひとなる書房、一九九三年、188頁を参照。
〔12〕戸坂、前掲書、266頁。
〔13〕同上。
〔14〕同上。
〔15〕同、267頁。
〔16〕同、262頁。
〔17〕同上。
〔18〕同、264頁。
〔19〕同上。
〔20〕高橋勝『子どもの自己形成空間――教育哲学的アプローチ』、川島書店、一九九二年、172頁を参照。

[21] 戸坂、前掲書、239頁。
[22] 浜田寿美男『発達心理学再考のための序説』、ミネルヴァ書房、一九九三年、第一、二章を参照。
[23] 同、149頁。
[24] 同、158頁。
[25] 同、203頁。
[26] 同、164頁。
[27] 同、181～182頁。
[28] 同、182頁。
[29] 同、183頁。
[30] 同、189頁を参照。
[31] 戸坂、前掲書、239頁。
[32] ブルーノ・ベッテルハイム『昔話の魔力』、波多野完治・乾侑美子訳、評論社、一九七八年、204頁。
[33] ロバート・ダーントン『猫の大虐殺』、海保真夫・鷲見洋一訳、岩波書店、一九八六年、16頁。
[34] 浜田、前掲書、346頁。
[35] 浜田、前掲書、162頁。
[36] ミルチャ・エリァーデ『生と再生』、東京大学出版会、一九七一年、4頁。
[37] 坂部恵『かたり』、弘文堂、一九九〇年、6頁。

# 第 5 章

# 「法の人」としての「子ども」と〈世代の自治〉

# はじめに

『13歳論』（村瀬学）は、副題を〈子どもと大人の「境界」はどこにあるのか〉としている。なぜ、「境界」を問うのか。著者は述べる。「…手っ取り早く言えば、『成人（大人）』が従っている法律を『児童（子ども）』に適用する年齢をいつからとするのか、ということである」（村瀬、一九九九、13頁）と。

一九九四年に愛知県西尾市で起きた「いじめ」事件、当時中学二年生であった大河内清輝君の「いじめによる自死」について、村瀬は注目すべき論点を提示していた。それに教示されて、筆者は「いじめ」を考える視点として、「権力」「グループ」「世代」の三つを要素に挙げた（鈴木、二〇一二、208頁）。この事件自体は、二百万円に及ぶ現金の恐喝を含む中学生グループ（恐喝の被害者である大河内少年自身がその一員に組み込まれている）による犯罪でもあるが、一少年が自死へと追い込まれてゆく背景を分析し、思春期における集団・グループの形成とそこでの子どもたちの自立に向けた成長の過程、とりわけ集団における潜在的な「自治」「自律」の契機ともいえる「掟の形成」という論点を提出する。この論点が、村瀬の「法の人」としての「子ども」という独自の主張を展開する重要な契機となっており、「子ども」と「大人」との「境界」の意味を問う際の不可欠の〈問題設定〉となる。[1]

その後に著された二つの著作[2]において、本格的に「法の人」なる概念が展開される。その仕事を決定づけるものに、精神科医の中井久夫の戦時下における体験を背景として書かれたエッセー「いじめの政治学」（一九九七年）と、児童文学批評という村瀬の独自の視点からとりあげられた柏原兵三の自伝的小説『長い道』（一九八九年）がある。中井に見られた体験と小説『長い道』とは、村瀬の「法の人」としての「子ども」論の原点であるといえる。

ところで他方、藤本卓の〈世代の自治〉論は、教育学の立場からの独自の探究として、村瀬の「法の人」と同一の〈問題設定〉を構築しつつあった注目すべき理論志向と思われる。以下では、藤本による〈世代の自治〉論が示唆する問題提起を合わせ、検討して行きたい。

## I――「グループ」と「掟」

「いじめの問題を学校や教室の病理としてではなく、『グループの』の病理として理解すること、それがこの論考の目的である」として、『13歳論』は、大河内清輝君のいじめ自死事件への独自の視角を強調する。「グループの形成」とその成員間に生じる「暴力」についてふれつつ、村瀬は以下のように書く。

中学生（およそ一二歳すぎから一五歳くらいまでの時期）になると、まわりの大人が決めた規律に従いつつも、自分たちの約束事を持つグループをつくりはじめる。この時期に至って、ようやく子どもたちは、「大人」のいいなりになっていた生活から離れて、自分たちの原理で動く行動形態を持つようになる。つまり、「子ども」から「大人」になる構造的な変化を体験するようになる。その過程で「自分たちのグループ」というものを試行錯誤し体験する。（村瀬、一九九九、３０３～４頁）

それは「暴力」ではなく「制裁」である、とされる。だからそこで、少々ひどい制裁が加えられても、部員たちは、そのことを教師や親に「言う」ことはない。なぜ言わないのか。自分たちで決めた戒律＝掟の問題は、自分たちの問題であり、学校や家は、また別な原理で動いていることを、この頃になると直感的に感じるようになってきているからである。制裁は黙って受け入れなくてはならない。／こうして生活は二重になる。すでに決められた規律に従う生活と、自分たちでつくった規律に従う生活と。学校や家は前者の生活となり、友だち同士の集まりは後者の生活となる。（同、３０４頁）

プロレスごっこの標的にされ、現金を要求され、「仲間」からの「制裁」を受けながら決してその事実を口外しなかったのはなぜか。父親に、何があったか、なぜ母の財布から現金を「盗む」のかを問われ続けても、その理由を決して言わないのはなぜだったのか。「虚ろな表情」（周囲の同級生たちの証言）で生きる日常に追い込まれてもなお、「いじめの事実」を決して他言しなかった理由は何なのか。先の引用にその答えの一端がある。グループの中の掟に従い、その掟は外部＝大人の世界には決して他言しないという少年たちの「モラル」が形成される。その独自の規範形成における否定的で悲劇的な結末が、このいじめ事件のケースであった。

## Ⅱ 「教育の場」と「法の場」――「法の人」へのアプローチ

「いじめ・自死」事件に見られる悲劇的な現れを、村瀬は二〇年後に『いじめ――10歳からの「法の人」への旅たち』（二〇一九年刊）の中でさらに深く読み解いている。前著のサブタイトルが「子どもと大人の「境界」はどこにあるのか」であるのに対し、今著では明確に「法の人」としての「子ども」というコンセプトを前面に打ち出す。「子ども」から「大人」への移行にとって、「境界」を超えるための「装置」ないし「制度」が、「法の人」としての「子ども」として措定される。そこに「教育の場」と「法の場」の「二重構造」が存在することを指摘し、その視点から村瀬は、「お葬式ごっこ」として広く記憶されている「いじめ事件」、鹿川裕史君の自死を取り上げ分析する。

教室では「子ども法」と村瀬が呼ぶところの少人数の仲間意識に基づく「掟」の支配に注意が向けられる。端的に、いじめとは、このばあい、（主に教室内での）小グループの子どもたち自身による〈掟＝子ども法〉の厳格な適用の事実を指す。つまり少数の子どもたちの間での「法的な状況」がつくりだされた結果として、〈いじめ〉は生起する。「教育の場」と「法の場」とが相克する「教室の持つ二重性」が次のように説明される。

まさか小学校の教室に「法の場」があるなんて想像も出来ない、と思う人がいるかもしれませんが、そういう見方が支配してきたからこそ、教室から始まる残忍な「いじめ死」の徴候を察知出来ずに、事態を深刻化させてきた経過があったのです。そのことを指摘するのが、この本の大きな特徴です。（村瀬、二〇一九、12頁）

子どもは子どもなりの「法的」処置として「制裁」を行う。ただし、本来は教育の成果として期待されるであろう「公共の秩序」としての「法の場」と、子ども同士の「制裁」＝「子ども法（掟）」の実際とは、截然と区別されねばならない。「教育の場」が目指すのは、「公共の秩序」であるからだ。

村瀬は、鹿川君事件の判決文にも触れながら、「グループ」と「掟」の問題を論じ、そこから必死に逃れようとする鹿川少年の姿を読み解く。少年が自死へと追い込まれる「いじめ構造」こそは、〈教室〉に集約される「教育の場」においてこそ展開した「子ども法」の実行という出来事＝事件であったことを問題化するのだ。言い換えれば、「制裁＝いじめ」を後押ししたものが、当の「教育の場」であった、という構造の問題である。

その点の説明の前にまず、いじめのプロセスをみると、そこに組み込まれる鹿川少年にとっての集団が、「初期グループ」から「質的変化」を遂げていたことに、まず注意が向けられる。それは、「グループ」を抜けようとすると、過酷な「制裁」が課せられるという新たな段階への推移である。判決文を引きながら村瀬は述べる。

> 裁判官は、一口に「グループ」と呼んでいても、一年生の頃の「グループ」意識と、二年生の夏頃からの「グループ」の意識が違ってきているところをよく見ていると思います。それは「友だち意識のグループ」から「法的なグループ」への変化です。（村瀬、二〇一九、57頁）

グループの変質を意識し、自己の存在を根底から脅かす変化（生命の危機）をそこに感じた鹿川少年が、教師に「相談」をしていた事実も明らかになっている。いじめの実相の変化は、グループの質的変化（「子ども法（掟）」レベルへの到達）に対応している、という点がポイントである。グループを「抜け」ようとすれば法的制裁としての「罰」が加えられるからだ。そこから「抜け」ようとするだけ、いじめの実態は一層過酷な様相を帯びる。更に特筆すべきは、「教育の場」である教室・学校が、いじめ集団である「法的グループ」との共犯として機能した点である。「お葬式ごっこ」はそのようなものとして生じている。学級ぐるみで「挙行」されたこの「お葬式ごっこ」の本質は、少年グループと学校（教室）との共犯という事実の構造にある。

ところで、教師をも構成員とする2年A組という「教育の場」に、決定的に欠損していたものこそが、「公共の秩序」としての「法の場」であった。教室で鹿川君の不在（欠席）に乗じて行われた「お葬式（ごっこ）」は、「面白半分」に仕組まれたものであり、こともあろうに担任を含む複数の教員たち（三名ともいわれる）をも加担させてしまうものだった。鹿川少年を包囲するグループは、「掟」の周りに2年A組という「教育の場」が更に補強されており、鹿川君には我が身を逃すどんな「隙間」も残されてはいない。詳細は、村瀬の著書に譲るが、こうした絶望の淵にいて人は何を求めることができるのだろうか。もし、「警察」という二文字が少年の脳裏に浮かびさえすれば、「教育の場」など無視し飛び越え、法に訴え、そのことで自死への道は回避できたのかもしれない。しかし結局、「教育の場」が、少年の命を奪うことに手を貸した。このことこそが「いじめ事件」の提起する本質的な問題だった。本当に必要なのは、教室＝学校が真の意味で「法的な場」として機能することなのではないのか。村瀬は、「法的な場」の現実化のために、「教室に『広場』をつくる」ことを提案することになる[3]。

「警察」への直訴という途がなぜ思い浮かばないのか。その二文字が脳裏を掠めたとしても、法に訴え、警察へ駆け込めないのはなぜなのか。それが何によって阻まれてしまうのか。少年が立つ「磁場」に何が作用しているのだろうか。いじめのケースでは、「学校＝教室という場」の「教育の論理」の支配＝介在こそが、警察＝法への訴えを阻み、むしろ「足枷」になるという問題を、精神科医の中井久夫が「いじめの政治学」で鋭く論じていた。中井は「法的」訴えが阻害される「教育の不条理」を鋭く告発するのだが、村瀬は中井のその主張を強く支持する。

なるほど、子どもの世界には法の適用が猶予されている。しかし、それを裏返せば無法地帯だということである。子どもを守ってくれる「子ども警察」も、訴え出ることのできる「子ども裁判所」もない。子どもの世界は成人の世界に比べてはるかにむきだしの、そうして出口なしの暴力社会だという一面をもっている。[4]（中井、一九九七、18頁、村瀬、二〇一九、238頁）

「学校＝教室」は子どもが保護される空間であると同時に、権力関係（法の適用）が及ばない一種の「聖域（サンクチュアリ）」だといえる。[5] そこは警察＝法への訴え、法の行使の〈外〉に置かれる特別な「場」となる。そこに浮上するのは「保護」の論理である。私たち自身の「常識」（と言っておこう）を疑うために、二つの点から「保護」の意味を確認しておこう。

第一に、「場」「空間」「制度」としての学校の性格である。教育の「場」は、「法の論理」、刑法・刑罰の論理から「隔離」されるべき「場」とみなされ、それ故、その〈住人〉である「子ども」を「一般社会から保護すべき存在」として把握する視点である。したがって、教室＝学校での「子ども同士」の間に生じる「紛争」も、直接的に警察が介入すべき対象ではなく、教師を中心とする「学校」の教育機能こそが「紛争」を解決すべき——比喩的表現でいえば——「自己浄化装置」である、という理解が生じる。ところが後に検討するように、こうした「自己浄化」への期待とは裏腹に、学校が〈浄化力〉を持ちえないという現実の姿を浮き彫りにする。子どもの生活の場である「学校の力」とは一体何なのか、村瀬の問いは根源的な意味を帯びて、私たちの「学校観」自体を揺さぶる力を持っている。

第二に、「年齢」制度からの把握である。少年法の存在が示すように、さらにわが国の刑法の「触法少年」規定に明らかなように、少年が「犯罪者」であったとしても、それが「子ども＝未成年」である限り「保護の対象」となるという論理が基本に据えられるからだ。そして学校が、法＝権力関係地帯からの「サンクチュアリ」であるという点は、この年齢という視点からも考えられる。ところで、子どもを「法の人」として捉えることこそが、村瀬の主張のポイントである。九〜一〇歳から一四歳未満の年齢範囲を、刑法が適用されない領域、つまり「「罰しない」」（＝「青の領域」）」として設定される点がクローズアップされてくる。その「誕生から『大人法＝刑法』へ至る過程図」で示されるように、「一四歳から『刑法』が適用されるが、『法』の意識は、九、一〇歳で芽生えている」（村瀬、二〇一九、5頁）という一種の空白の事態（「青の領域」）への注意喚起である。[6]

このような「学校という制度」（時間・空間・人間関係）とともに、「年齢という制度」との、二つの視点からみることで、学校の自己浄化機能としての「教育（に期待する）論理」は、——少年の命を奪うという重い事実からしても——、その限界の意味こそが問われねばならない。命を守るべく「訴える」

ルート＝警察への「法的」訴えを阻み、少年の潜在的な「法への訴え」の意志をも、真綿に包むように幾重にも〈拘束〉することになったのである。この事態に介在した〈教育〉という「自己浄化」の論理の意味は大変重い。出口のない、文字どおり「生き地獄」とは、それが「いじめ事件の不幸なケース」という表現では片づけられない「制度的」に作り出された事態であり、それ固有のメカニズムをそこに持つという認識が共有される必要がある。「いじめ」とは、そうした「固有の機制《メカニズム》」を有する現象なのだといえる。村瀬は「いじめ」を次のように定義づける。

> 「いじめ」とは、「法的な意識」を持ち始める生徒たちが、「自分たちの正しさ」を基準にして「違法者」を見付け、独自の「裁き」と「制裁」を実施する過程である。（村瀬、二〇一九、19頁）

定義は、いたってシンプルなものである。村瀬はいじめの本質を「心理学の言葉」で捉えることを敢えてせずにいる。その前提には、心理学的把握（あるいは心理主義的傾向）の限界への批判がある。「警察」へのアプローチを回避してしまう状況と、「教育の不条理」への疑問から出発する精神科医、中井久夫の「いじめの政治学」を支持しながらも、そこに見られる心理主義の限界を指摘するのである。村瀬はあくまで、「いじめ」を「法的な状況」として定義し[7]、改めて「子ども」たちの置かれた本質的に「法的な場」としての〈教室〉の特質に焦点を当て、「いじめ」を子どもたち自身で解決する「生徒の自治」を提起するのである。

## Ⅲ　なぜ、一〇歳から「法の人」なのか——「思春期」と「公共性」

「公共の人」として自分を立ち上げてゆく訓練が始まる、というのが一〇歳頃つまり小学四年生頃の年齢に当たる、と村瀬はいう。『13歳論』から二〇年後の、その書物『いじめ』の副題は、「一〇歳からの『法の人』への旅立ち」とされる。そこでは、「子ども」から「大人」への移行期としての固有の年齢期である「思春期」の意味が、改めて問い直される。

『13歳論』が、「子ども」と「大人」の「境界」を問うたときに、著者にはこの社会に消滅したイニシエーション機能の問題が意識されていたはずである。広く人類学や民俗学が示唆するように、成人社会へのイニシエーションの過程には時空間における「分離」と「渡り（ワタリ）」の現象が観察される。ジュネップやターナーらの研究に立ち寄る暇はないが、[8]人類史的な痕跡を意識しつつ現代の私たちがこの問題を考えるとき、「思春期」における「法の人への旅立ち」という視点は、重要な問題構成を提示するように思われる。村瀬の「一〇歳からの法の人」への立ち上げと、「教室に広場を」というスローガンはそれを表している。思春期に先立つ一〇歳からが、なぜ「法の人」なのだろうか。

一〇歳は小学校「四年生」という、小学校低学年から高学年への移行期です。この頃から子どもたちは「公共の秩序」を意識します。この能力が大事です。（村瀬、二〇一九、１００頁）

続けて「生徒の自治の始まる頃」についてこう説明する。

「自治」というのは、クラスの秩序を、生徒同士が何らかの「公共の秩序」として維持する能力を持ち始めてきたことを意味しています。そのことも見てきたとおりです。しかし、この「自治」は、少数の生徒による仲間意識を育てることにも繋がっています。それは「ギャング・エイジ」として現れるところで見てきました。／その動きは、生徒には見えても、先生にはほとんど見えないものです。そして、先生にも見えない中で、こういう仲間の意識は、独自の「掟」をつくり、独自の「締め付け」を強めてゆく傾向も出てきます。そうすると、そういう動きに対して、先生は先生個人の力をいくら発揮しようと思っても、太刀打ち出来なくなるのです。（同上）

「公共の秩序」意識の始まりは、「少数の仲間意識」による「掟」と同時的に発生し、〈教室〉において両者は「共存」ないし「併存」するプロセスをたどるだろう。教室の中に公共性が育つ途上には、部分的に少数者の仲間意識による「子ども法」の形成を必然的に伴うが、後者は教室内に少数の仲間による「掟」をもつくり出すという現実を見なければならない。教師の力ではコントロールできない独自の力、それは通常ギャング・エイジと呼ばれる一過性のもの、との理解に止めてはならない性格のものだ。[9] それゆえ、教師に求められる対応とは、少数者の「掟」（＝「子ども法」）に勝る「自治の力」）を教室に（で）育てるという課題なのだ。教師個人でなく、〈教師の権威〉としての「先生の力」（村瀬）こそが、「公共的な力」としての「法的な力」をつくり出す。「生徒の自治」の「力」とは、「子ども法（＝掟）」自体をベースにしなければ生み出せないものであること、別様に言えば、「子ども法（＝公共的な力）」のベースになる「自治の力」を先生に有利なようにつくり上げ、広げてゆくことである。「自治の力」あるいは「クラスの力」に依拠することでしか、「先生の力」の創出はありえない、とも言い換えられよう。鹿川少年の属した2年A組では、「先生の主導する「法の場」をつくり出す」どころか、「子ども法＝掟」の存在に向き合うための前提が欠如していたという外はない。

## Ⅳ 子どもの権利条約の「弱点」とは何か——「法的な人格」年齢規定の欠如

村瀬が「二分の一成人式パスポート」というユニークな提案を行っている点は、「法の人」である子どもの九〜一〇歳という年齢を顧慮したものであり、教室に即して「自治のシステム」を考えるに当たり興味深いものだ。[10] 次に示す「子ども法」の図（村瀬、二〇一九、107頁）が参考になる。パスポートの年齢設定が、「『法的な人格』の始まる年齢」（村瀬、二〇一九、225頁）とする点に注目したい。国連・子どもの権利条約は、端的に法的な人格の年齢規定を欠く「弱点」をもつと村瀬は考える。

子どもの権利条約は、「『法的な人格』の始まる年齢」が明示されていません。子どもの『意見表明』を認めることを求めていますが、いつからそれは可能か曖昧です。」（同上）

と。

いわゆる「意見表明権」の条項に当たる「意見」の公式言語（その一つである英語）が、〈opinions〉でなく〈views〉である点や、そもそも条約の作成過程での「子ども」(child)の年齢規定をめぐって存在した主張内容の多様さなどに触れた後、村瀬は次のように第一二条（第一項）の改正の必要性を提起し、試（私）案を明示する。

第一二条（意見表明権／筆者試案）1　締約国は、九歳、一〇歳頃から、自分たちの言い分をまと

「子ども法」

子ども法には二つの面がある。「公共の子ども法」と「仲間内の子ども法」である。

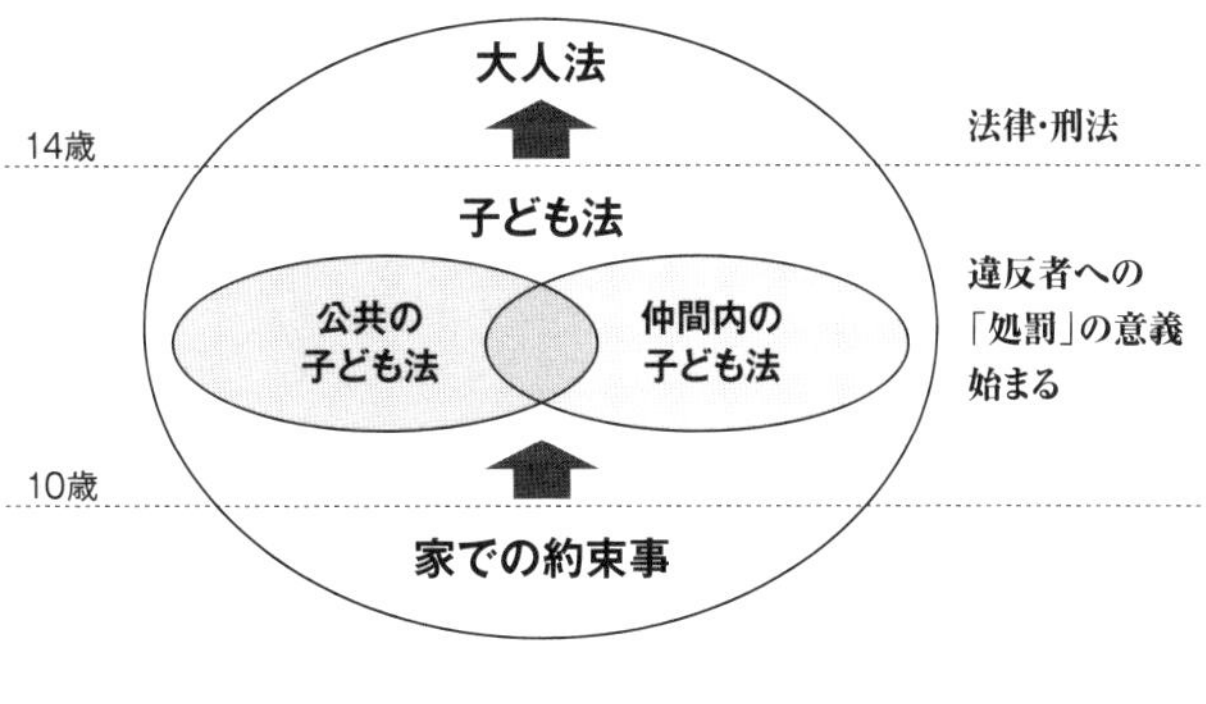

める力を持ち始める子どもに対して、その子どもに影響を与えるすべての事柄について、お互いの言い分を尊重し、議論し合う権利を保障する。その際、子どもの言い分が、その年齢及び成熟に従い、正当に重視される。（同、230頁）

ここに、我が国における少年法の適用年齢をめぐる弱点と共通の問題点がある、と村瀬は指摘する。というのも刑法（四一条）が「十四歳に満たない者の行為は、罰しない」とする一方で、現行少年法が孕む「保護主義」の問題性の一面を看過することにもなるからである。いわゆる「触法少年」をめぐる問題である。少年法においても「法的な人格」の始まる年齢を曖昧にしているという点で、上述の子どもの権利条約と共通の「弱点」を有していると村瀬は考えるのである。それ故、「しかし、そもそも少年法の精神は『青少年の健全な育成』にあった訳で、それは、小学生の『法の意識の芽生える頃』から、一人ひとりの子どもたちが様々な『非行』に『法的な意識』でもって立ち向かえる、『法の人』として育つことではなかったかと思います。」（同、218頁）として、少年法成立の意義に立ち返り問題を提起している。少年法の存在と〈教室〉に象徴される「教育の場」との接点を考えるにあたり、いじめにおける被害者・加害者の双方に対し、「法の人」、「法的な人格」の意義とその適用年齢を制度化するような論議がなされずに推移している点が指摘されている。[11] 子どもの権利条約の「弱点」と、それはまさに同一の問題を抱えていると村瀬はみなすのである。

## V 「生徒の自治」と〈世代の自治〉と――「法的な人格」への移行と葛藤のプロセス

「法の人」を育てる教師の役割（「先生の力」）と一体のものとして「生徒の自治」を強調した村瀬であったが、「二分の一成人パスポート」といい、『13歳論』といい、「『法的な人格』の始まる年齢」への着眼といい、その概念設定は、単なる「思春期」という「発達段階」をめぐる問題を超えて、成人＝法的人格への年齢的「移行」の問題という理論的・実践的関心に集約されている。制度としての「年齢」問題、と言ってもよい。そもそもが、「子ども」と「大人」のあいだに設定された「境界」とは、「区分」それ自体の問題というより、「移行」の〈システム〉あるいは「移行」の〈制度と法〉の構築という問題意識に基づく〈方略〉を想定しているものだ。村瀬はそれを「生徒の自治」（広場）のなかに見ようとした。子どもの権利条約が孕む「弱点」は、この条約がそもそも内包する世代的「境界」論の欠如、とりわけ世代的「移行」に関わる〈思想〉の欠落であったとみなす。人権思想の発展史的観点からしても「子どもの権利」の固有性から発する成長中の世代の幸福実現という課題に、この条約が果たす意義は明らかだ。しかし、その「弱点」をも見据える作業が意識されねばならない。

「生徒の自治」（村瀬）と問題関心を共有しているという点で、教育学者、藤本卓の〈世代の自治〉論が検討される必要がある。まず指摘すべきは、生活指導運動の指導的理論家としての藤本が、「子どもの権利条約」への「留保」の態度を示している点だ。藤本は次のように指摘している。

「子どもの権利条約」の実質化を進める運動は、わたしたちにとっても大きな意義をもつものです。ただ、それらの運動が、まず権利のカタログから事を進めようとする傾きをもつ点や、もっぱら近代(個人)人権を単純に美化する傾きをもつ点などについては、批判的観点を留保したい、と思います。(藤本、二〇二一、427頁)

この「留保」は、〈世代の自治〉論の特質について説明することに繋がる。というのも、「子ども」の「法的な人格」への「移行」と「葛藤」のプロセス、言い換えれば、世代としての「子ども」と「大人」のあいだの「境界」と「移行」という理論関心において、村瀬と同様の論点を共有しているからだ。その点を踏まえ、三つの面から〈世代の自治〉論の特質を検討しよう。

まず、第一に、生活指導運動への理論的スタンスの形成という側面を考えてみる。藤本が引用する、その長い引用文そのものを書き写すことを許されたい。

遊び・けんか・制裁・なかまはずれ・協同などを含む自治的な子ども集団の発生と発展は、子どもの発達のうちにその根拠をもっていた。このことは、子どもはおとな社会が承認するしないにかかわらず、発達する権利とともに自治する権利をもっていることを意味している。教科書裁判の杉本判決は、子どもの発達権を保障するものとして子どもの学習権を強調したが、それよりも基底的なものとして子どもの「自治権」が承認されねばならない。子どもは子ども集団の自治と遊びをとおして自分の内側に知的空間を確立していくのである。そうであるから、子どもはこんにちでも機会があるとなんらかの形で自治的な子ども集団をそこに成立させてくる。もしも子ども集団不在の状況が恒常化するのだとしたら、もう子どもは人間になれないかもしれない。(藤本、二〇一二、436頁)[12]

民間教育団体「生活指導研究会」の理論的リーダーである教育学者、竹内常一の一九七二年の問題提起である。強調点は藤本によるものだ。竹内のこの発題から優に四半世紀余を経て、藤本はこの長文を掲げ読者の注意を喚起している。そこには、いくつもの論点が書き込まれている。〈「子どもが人間になる」ための条件としての「子ども集団の自治」〉、一言でそうまとめることも可能だが、それでは収まらない重大な、藤本的に言えばシリアスな諸論点がそこに存在している。藤本は生活指導運動の指導的理論家の系譜の批判的後継者として、教育実践・教育運動をすすめる具体的方略という実践感覚のなかで、〈世代の自治〉論の根拠を追求していた。

子ども(集団)の「自治権」の意義の強調が、竹内による柳田國男の「本気《シリアス》の読み」に由来するものとして捉えられ、藤本自身による柳田民俗学の提示する世代論（「子供の自治」、『こども風土記』）的問題構成がさらに深く読み込まれる。一九七〇年代、わが国の社会の解体過程ですすむ「子ども集団の消滅」と、その下での子ども世代における〈自治的契機〉にアンテナを張りながら、〈教室〉における「生徒の自治」を生活指導理論は模索し続けることになる。そこでは、近代的制度としての〈学校〉そのものの〈解体〉過程をも視界に収めつつ議論が展開されている。以上のように、引用文のなかには生活指導理論の実践的かつ歴史的背景を踏まえた〈世代の自治〉論が醸成されている。

第二に、一九七〇年代の教育学パラダイムに関わる論点である。「杉本判決」[13]は、子どもの学習権を導き出した。これ自体は極めて画期的な意味をもち、四半世紀の間に「市民権」を獲得するに至る。言い添えれば、それは国民の「教育を受ける権利」（憲法第二六条）を基礎づける「子どもの学習権」論を提出した画期的判決であった。さらに子どもの学習権によって基礎づけられるものとして発達保障論があるといえるが、そこには〈発達と教育〉という一九七〇年代の教育学のパラダイムが存在したといえよう。事実、杉本判決は、「国家の教育権」に対する「国民の教育権」の（法的）正当性を、当時の教育学パラダイムに依拠して理論構成されたものといえる。この点は、その判決の教育条理を導いた学説の主導的担い手と思われる教育学者、堀尾輝久の夙に指摘するところでもある。[14]「子どもの発達権を保障するものとしての（子どもの）学習権」（竹内）こそが、杉本判決の要諦であると理解されている。

だが、「それ（子どもの学習権）よりも基底的なものとして子どもの『自治権』が承認されねばならない。」と竹内は新たな問題提起をなし、〈子どもの自治権〉こそが「子どもが人間になるために」（「子どもの学習権よりも基底的なものとして」）存在する、と主張したのである。ここには、〈個としての発達（権）―学習（権）―教育（権）〉を構成する〈発達＝教育〉パラダイムへの批判意識が伴っている。言い換えれば、教育（改革）の理論構成を、そういう〈個的存在モデル〉としての「発達パラダイム」の方向ではなく、〈集団〉ないし〈共同存在モデル〉としての「自治パラダイム」のそれとして提起したものと理解されるのである。

そして藤本もまた、この理解を共有しているものと思われる。彼は七〇年代に定着する理論傾向を、教育学研究のパラダイムにおける「「社会化」と「主体的発達」の〝弁証法〟という論脈」（433頁）という表現で記述しているのだが、その指摘は、戦後教育学への理論家としての、ある〈構え〉を表しているものだ。藤本の文章を引用する。

> 戦後の教育意識にあって、「社会化（socialization）」のもつ権威主義的／適応主義的な性格が「人格発達」のもつ主体的／創発的な性格によって補完（弁証法化）されざるをえなかったということには一理も二理もあるだろう。だが、一面で正当なこの「社会化」と「主体的発達」の〝弁証法〟という論脈こそ、他方ではまた、「教育」の本質における非対称性としての〈世代間関係〉の軸を水に流してしまうものでもあったのではなかろうか。なぜなら、実際においてこの論脈は、「社

会化」＝「教育」に対するに「発達」＝「学習（学び）」をもってするという構図をとり、しかもその「学習」は非対称の（他者性を貫く）世代間関係を不可欠の構造契機とするものではなかったからである。この論脈の延長に広くポジティブに用いられている「教育の本質としての自己教育」といった用語法にも、筆者としては疑似《プソイド》観念の危うさを感じざるを得ない。（藤本、二〇二一、433頁）

結論的にいえば、〈発達と教育〉という教育学パラダイム（上記内容の「〝弁証法〟という論脈」）においては、〈世代間関係〉に照準化される理論設定が存在せず、そうした理論的関心の構造的な欠如があるとする批判である。支配的な教育学の〈理論状況〉への総括的な判断だった。戦後教育学における〈世代関係論的な問題設定〉への〈忌避〉傾向を〈嗅ぎつける〉藤本は、それゆえ「〈世代間関係〉問題の再措定」という表現によって、民俗学的な遡及を含んだこのテーマの〈再考〉にとりかかることになる。その方向が、〈世代の自治〉という概念に集約されたと言いうるだろう。

## Ⅵ―〈世代の自治〉における〈世代間葛藤〉の契機をめぐって

第三に、〈世代の自治〉の理論構築の深化の軌跡という面から検討する。藤本の引用する長文をもうひとつ示そう。それは、彼の〈世代の自治〉論の発想を導くもうひとつの重要典拠となっていると思われる。思想史家、関曠野の文章である。

> 世代間の文化の継承は、ここ「人間社会」では動物の場合のように本能的・自動的な、スムーズなものではありえない。それは必然的に新旧世代間の対立や相克をはらんだ緊張にみちた文化の継承である。というのも世代間の信頼と統一と同時に緊張と相克の要素があってはじめて、世代間の文化の選択的な継承が可能となり、この選択的な継承があってこそ、人間はつねに変動する歴史的世界に対応してみずからの行動を再検討し修正することが出来るからである。そしてこの世代交代の過程をつうじての再学習ということがなければ、本能的基礎をもたない人間の社会は失敗をかさねて自滅してしまう。物わかりのよい大人と素直で従順な子どもから成る社会は、崩壊の危機にさらされている。（同、434頁）[15]

ここでの強調点もまた、藤本自身によるものだが、読者への注目喚起のポイントは明らかだろう。先の竹内の引用の強調点であった「子ども集団の不在」と自治の消滅が、人間（社会）の再生産の危機を意味することに加えて、ここで指摘されているのは、世代間〈葛藤〉の視点の強調と、今日におけるそのエレメントの不在ないしは不明瞭さに関する危機意識である。「〈世代間葛藤〉をむしろ社会の持続条件として捉える」と言い、さらには「その持続の絶対条件とすら言うべきもの」（同、433頁）として〈世代間葛藤〉はある、と藤本はみなすのである。上の引用に言う、「新旧世代間の対立や相克をはらんだ緊張にみちた文化の継承」への視点、それは、人類史の継続という大掛かりな問題設定を含んで述べられたものだ。それゆえ、藤本が、自らの〈世代の自治〉論をこうした「世代間葛藤」（相克と対立）に関する思想史的文脈から再考する論究課題とし、この作業を民俗学と現代社会理論とを視野に収めて探求しようとした形跡の確認が重要だと思われる。「世代間葛藤」（相克と対立）をどのようなイメージで捉えるべきなのか。その藤本の問題意識を追ってみよう。

検討すべき論点は、「開放系としての訓練」論としての「若者組」の捉え返しである。かつて「若者組」のもっていた社会機能は、前近代的で共同体的な「閉鎖性」（閉鎖的な訓練論）を特徴とするが、それへのノスタルジー的回帰では問題は解決しない。その閉鎖性＝前近代性を否定しながら、しかしそれの持つ「世代間葛藤」（対立と相克）の本質機能を掬い取るという思考の方向である。既存社会への適応・参入（成人通過儀礼）を使命とする「若者組」のもつ訓練論の「閉鎖系」にもかかわらず、それが有する「真性の訓練機能」（藤本）を指摘しつつ、藤本は次のように書く。

そして、「若者組」の〈訓練〉が紛いものでなく機能した、その条件となっていたところのものこそ、まさしく〈世代の自治〉とでも表現されるべき慣行／観念であったろう、とわたしは考えます。すなわち、ある限定のもとにおいてのことではあれ、本気で若者たちを成人と対等な一人前の存在として遇しつつ、大人世代の介入を抑制して若者世代に自治の領分を保障し、なお共同体の生活にとって不可欠な正規の役割――いわば公共的任務（責任）――を部分的に委託するという関係構造こそが、若者たちを真性の意味において〈訓練〉したのだ、と考えるのです。（同、413頁）

藤本が繰り返し「本気で…対等な一人前の存在として」遇するという、「若者」（子ども）と「成人」（大人）の世代間関係の「慣行／観念」イメージを、私たちは「開放系の訓練」論を内蔵する〈世代の自治〉として受け止め、理解することができる。「開放系の訓練を可能にするような〈世代の自治〉の新たな在り方を探究する」（同、414頁）とする課題設定である。

議論が前後するが、「若者組」の訓練論に発見すべき「真性」（オーセンティック）が成り立つ根拠をめぐる、藤本の理解について補足しておこう。「本気で一人前に遇する」ことと「通過儀礼」との間に生じる時間的「齟齬」についてである。単なる社会過程が複雑化することからくる年齢上の「ズレ」（先後関係の逆転現象）の表面化とその調整としてそれを理解しようとする一種の「近代主義的な解釈」を否定し、むしろ本来的に「若者組」という社会慣行＝制度に内包された「教育原理」あるいは、その「方法の要諦」である「〈世代間関係〉の間合いの力」（同、439頁）として理解すべきだ、というのである。言い換えれば、「かつての共同体に生きていた人々の、いわば暗黙知としての一つの〝教育原理〟」（同、４１０頁）としてポジティブな契機をそこに「読みひらく」ことが必要だというのである。

さらに、「社会の構成原理」として「世代間関係」を捉えるという視点である。「近代社会の構成原理」からすれば、「自治」は住民団体と職能団体に対応して、「住民の自治」と「専門職の自治」として把握が可能だが、「世代間関係」はこの「自治」範疇の埒外に置かれるものである。ところが、前近代では事情は異なり「身分制」という原理の支配の一方で、そこに同時に「年齢階梯制」の原理が働いていた。つまり「身分」制には「年齢階梯」制が伴っていたのである。くり返せば「前近代の社会構成原理」には、「自治の基盤（主体）となる集団」として「若者組」が存在した。つまり、「〈世代間関係〉問題の再措定」（藤本）の前提には、「若者組」にみるような世代間の関係行為のシステムが「社会の構成原理」として機能していたとする理解である。近代社会においてそれは「忘れ去られ」、消えゆく運命にあったものではあるが、今私たちは「社会の構成原理」として〈世代の自治〉（それは「世代間葛藤」を〈絶対条件〉としてさえ内包する）を措定しつつ、その捉え直しの地点に居合わせている。

藤本は言う。「したがって、わたしたちの課題は、この忘れ去られた『自治のもう一つの基礎集団』の記憶を回復しつつ、しかし、異なった社会構造のなかで、その実現可能性をあらためて〝発明〟しなおす、ということになる。」（同、４１５頁）と。

## Ⅶ　〈世代の自治〉論の具体化方略の展望

「自治のもう一つの基礎集団」の記憶を「若者組」にみながら、そこで確認できた総括的な論点は三つある。①「開放系の訓練論」への可能性という論点、②通過儀礼への「被参入者」と「対等な一人前扱い」との先後関係の「齟齬」（逆転現象）の理解に関わる論点、そして、③歴史的観点からする「社会構成原理」としての世代間関係＝「年齢階梯制」という論点、である。「再措定」された〈世代間関係〉問題は、こうした三つの論拠を伴う〈世代の自治〉であった。ところで「教育と世代間関係の問題」（二〇〇〇年の論文）では、〈世代の自治（権）〉というタームが自らの「造語」であると明言しつつ、「あえてこうした用語法を採って問題を動かそうとするにはそれなりの理由がある」（同、437頁）として、この概念によって拓こうとする自身の意図＝理由が記されている。

すなわち、〈世代の自治〉論がめざすものは、「柳田――竹内の系譜」（藤本）に連なる上述の三点の総括内容の説明である。改めてこの二〇〇〇年論文は、「一般に〈自治〉の担い手とされる住民団体や職能団体に理念的に並ぶものとして〈世代集団（年齢階梯集団）〉を発想しよう。」と述べ、そして、「子ども／若者の自治とは、一種の権利非制限者であるがゆえに固有の自治権を全体社会から承認されてしかるべき〈未成年世代《マイナージェネレーションズ》の自治〉である。」（同、438頁）と書く。

さらに藤本は、「開放系の訓練」を内包しうる集団イメージの展望への志向を再び強調する。〈世代の自治〉を担う「集団」は、単一的な「子ども／青年」集団として社会内に位置づくわけではない。そうではなくて、「全体としては、多層的なネットワーク上の多種多様な活動の重なりが、事後的に〈世代の自治〉として総括されるような流動構造を発明する必要がある」（同、４３８頁）との認識が提示されている。その際の「基礎作業」として、現行の各種の「成年制度」の「生かし直し」が想定され、民法、少年法、一八歳選挙権、さらには公教育制度自体のなかの〈世代の自治（権）〉を根幹に含む、年齢構造も異なる「多種多様」な、かつ「流動的」な構造が想定されているのである。

この青写真についてはまだ素描すら描かれる段階にはないけれども、別稿[16]（藤本、二〇二一、２７９頁〜）では、歴史的に形成される「社会の構成原理」を担う「世代」という〈集団〉の存在形態を規定する「社会運動」への言及がある。「集団づくり」運動の方向を規定するような、実践構想の「社会的ラディックス radix＝根・底・地盤」（藤本）への論及である。端的にそれは、「公共性」の今日における「〈共〉の領野への着目」あるいは、「〈公共的争点《パブリック・イシュー》〉とは別に〈共同的主題《コミューナル・マター》〉の位相を特立」（藤本、二〇二一、２８６頁）しようとする志向であるといえるだろう。それは、現実の「社会運動」としての一九七〇年代半ば以降の市民社会の深部に形成された「新たな質をもつ諸紛争」及び「生活・文化協働への模索」（佐藤一子）に依拠した展望である。前者の「社会運動」は、「〝新たな紛争《コンフリクト》（抗争）〟の主題群は、主として広義の生態系・両性関係・世代更新など、社会の自然的・文化的な再生産にかかわる問題系列のまわりに集中して分布する。したがって、また、地域・家族・個々人の心と身体、等々を主たる発現の場」（藤本、同、292頁）であり、そして後者は、「協同組合型の諸運動を有力な範型として、〈共同性（コミュナリティ）〉の次元」に見出されるもの（藤本、同、296頁）だと説明されている。

以上、敢えて藤本が、〈世代の自治〉という用語を自覚的に打ち出そうとした意図、「問題を動かそう」とした所以を検討してきた。付言すれば、生活指導運動の理論的実践の場たる「学校システム」の分析にあたっては、〈自治〉が「生活文化の実質」としての「文化的自律性」（カルチュラル・オートノミー）とともに、「権利関係」としての「自己統治」（セルフ・ガヴァメント）との関連でも構想されている点も記憶されてよい（藤本、二〇二一、421頁）。その構想は、公教育制度が歴史的に演じてきた子どもの「世代の自治」への「破壊工作」（掘り崩し機能）とその「効果」を的確に測定し、その上に「学校」という舞台の「再生可能性」の本質的契機として〈世代の自治（権）〉を対置するものであるはずだ。それは敢えて藤本が言うように、「『学校』を非学校化する企て」であるともいえようが、同時に「…今や学校を〈世代の自治〉の主要な舞台の一つ――唯一ではないが中心的な結節点――に編みあげなおすしかない、という判断」（同、418頁）にもとづくものであった。

# 結びに代えて

「生徒の自治」（村瀬学）は、「法の人」としての「子ども」の把握から導き出された「自治」のイメージである。それは、「公共の場」、「広場としての教室」の構想であり、そこでの教師の「力」の形成と一体化した「生徒の自治」として追及される課題であった。〈世代の自治〉（藤本卓）は、「〈世代間関係〉問題の再措定」という大掛かりな理論的提起としてなされている。両者は共通に、従来の教育学パラダイムの「不備」を嗅ぎつけ、そこに大胆に切り込む試みとしてある。奇しくも――これは両者の問題意識からすれば必然的ともいえるが――子どもの権利条約の「弱点」を指摘していた。

前者（村瀬）の批判の論点は、子ども年齢における「法的」意義をめぐるものであり、子ども集団（教室を含む）のもつ「法的」世界の意味を不問にする子どもの権利論の構造への批判であった。言い換えれば、「法的人格」への「子ども」の年齢的移行と葛藤に関する思想の欠如を指摘するものであった。この論点はまた同様に、後者（藤本）の〈世代間〉関係論の視点からなされた権利条約への批判（「留保」）でもあった。それは、近代人権論の枠組みの限界という把握の指摘から発しているものだが、より具体的には「条約」が「人権カタログ」論の域を出ず、子どもの「自律主義」と「保護主義」との間で克服されずにいる「子どもの権利」の「社会の構成原理」上の思想・実践状況への批判でもあった[17]

と思われる。子どもの権利条約への思想的・実践的スタンスという点からみて、村瀬の「生徒の自治」論と藤本の〈世代の自治〉論との基底には、条約を一つの〈引照基準〉とすることで、そこに欠落するモメントを「発見」する共通の〈思考過程〉があった。

ところで、藤本は一九九七年の「高生研大会・基調討論発題」前後の時期に、村瀬の一連の仕事への大いなる関心の共有ついて記している。「…予想を超えた暗合に、粛然とさせられました。」（同、423頁）と。それは神戸小学生殺害事件（一九九七年）等、村瀬の一連の「年齢」問題への「所論」を前にしての並々ならぬ関心である。その「予想を超えた暗合」について、藤本はその後語ってはいない。だが両者の思索は、「同一の論点《トポス》」を、異なる概念において追及していた。教育学の立場から「世代と教育」に理論的関心をもち続けてきた著者においても、その関心は村瀬に注がれてきたが、本章では藤本の理論的枠組みとの重なりを中心に検討してきた。

最後になるが、一点書き添えておきたい。いじめの解決という強烈な問題意識に支えられた村瀬の「法の人」の構想は、「法教育」とは異なる。それは、「法教育」のように「法律の知識」を勉強し、「人権」のことを「知識」として学ぶことではないからだ。何よりもそれは、「**『法の人』をつくるというのは、『公の場（広場）』で自分の気持ちを訴えることのできる子どもを育てること**を目標にしているからです。」（村瀬、二〇一八、20頁）という彼の単純明快な言明に尽きる。「主権者教育」の特定教科はないが、もし重要な教科があるとすると、それはむしろ家庭科ということになるだろう。[18] ともかく、「いじめ」の解決——誤解を恐れずに言えば、「いじめ」はなくならないのであり、子ども自身の手で解決するしかない——、その実現は「公共の人」を育てる「生徒の自治」によってしか達成しえない活動なのだ。自治の舞台である教室は、だからまた「広場」という社会への開かれのうちにある点が要諦だった。[19]主権者教育の本当の急所は、そこにこそある。

このように考えるとまた、「〈世代間関係〉問題の再措定」として構想された藤本の〈世代の自治〉論と、〈「広場」としての教室〉提案との「重なり」が再確認できるのではないか。「年齢階層制」としての〈世代の自治〉は、「社会の構成原理」として、常に公共的世界との緊張関係のなかで機能する点を不可欠の条件とするからである。藤本の構想はそこにあった。教室が、公教育の将来展望の中で、本当に「広場」となり、「公共の場」となりうるのかどうか、そのための「生徒の自治」と〈世代の自治〉を現実化しうる学校の変革が、どういう条件の下で可能となるのか、またその条件自体をつくり出す契機とは何なのか、それらの糸口を探ることが、探究の共通課題となると思われる。

**注**

［1］村瀬は当時を振り返り次のように書いている。「一九九九年当時『13歳』に注目し、この年齢から『法の人になる』ことを意識しないといけないと訴えたことは、当時の思潮からはずいぶん離れていたものでした。」（村瀬、二〇一八、235頁）と。実際、『13歳論』では、いじめについて「『グループ』が『戒律』と『カネ＝貨幣』と

『権力』の運動体として自覚されてゆく過程を問題にしなくてはならない。」として、既にグループの「『心情のわかり合い』から『法の論理』への転換」に焦点が当てられている（312〜313頁）。この書の冒頭（はじめに）は次のように書き出され、著者の問題意識が明快に開示されている。「この論考は、子ども論でも、中学生論でも、学校論でも、発達論でも、思春期論でもない、文字通り『13歳論』としてつくられている。」（1頁）。

[2]『いじめの解決　教室に広場を――「法の人」を育てるための具体的提案』（二〇一八年）及び『いじめ――10歳からの「法の人」への旅立ち』（二〇一九年）。

[3] 教室を「法の場」とし、かつ「教育の場」として真に機能させるために、村瀬が具体的提案（いじめの解決）に至った仕事が、『いじめの解決　教室に広場を――「法の人」を育てる具体的な提案』、言視社、二〇一八年、である。

[4] 村瀬による引用の出典は、中井久夫「いじめの政治学」、『アリアドネからの糸』、みすず書房、一九九七年、18頁。

[5] 論理的には、これは「部分社会」論と〈相似型〉をなす。学校という空間は、一般社会とは異なる一種特別な〈社会〉である。「部分社会」論は、国と文部行政が採用していた「特別権力関係」論とは符合し、「学校という営造物」（＝部分社会）内では、国家の権力作用が合法化される。「保護」の論理は、これの反転したロジックによって成り立つともいえる。なお、「部分社会」論については、例えば、日本弁護士連合会『子どもの権利マニュアル（改訂版・子どもの人権救済の手引き）』、こうち書房、一九九五年、参照。

[6] なぜ「青の領域」か、村瀬はそれを、ピカソが「青」の深みに目覚めたことから拝借した、と書いている。（村瀬、二〇一九、5頁）。なお、この点にかかわっては、同書の第五章、「NEXT」の標題を当てて論じる「長崎佐世保小六女児同級生殺害事件」（二〇〇四年）の分析が秀逸である。本事件の特質が「殺人事件」というより、「いじめ事件」であるとする見方を、「法の人」としての「子ども」の視点から分析している。「法の意識」への芽生え、規範意識の形成期である九〜一〇歳という年齢にふれつつ、加害少年（少女）となった彼女が「法」への

強い執着をもっていたことなどが、パソコンの書き込みの中に見出されている。「法の裁き」としての「罰」「過ち」を〈許す――許される〉関係の築き、「掟」「命令」、そして「正義感」の育ち、そしてまた「いじめ」における「自死」と「他殺」との関係など、その問題提起は示唆に富んでいる。川名壮志『謝るなら、いつでもおいで――佐世保小六女児同級生殺害事件』、新潮文庫（集英社、二〇一四年）も参照されたい。

［7］一方、「いじめの三段階説」といわれる中井による捉え方がある。「孤立化」「無力化」「透明化」というのがそれである。いじめの被害者が置かれる状況としての心理的メカニズムを、政治的従属と奴隷化のプロセスとして説明する点で中井の仮説が一定の有効性を示すものではあれ、その限界として、最終的には「いじめられている子どもの安全確保」と「大人の責任ある言葉」という主張にとどまっている、と村瀬は批判する。中井の「心理主義的限界」は、優れたトラウマ理論を提供する『心的外傷と回復』（ジュディス・ルイス・ハーマン）の影響の下に、「孤立化→無力化→透明化」の段階を把握する利点に関わってもいるようだが、今ここではその内容説明については立ち入らない。結論的に村瀬は、例外なく中井にもみられる「心理学主義」の欠陥ないし限界を踏まえ、以下のように指摘するのであった。

「終わりに向けて再度、中井氏の議論が鋭く核心に向かっていながら、いじめが『法的な状況』の中で実行されていることへの、読者への注意喚起がなかったことに注意しておきたいと思います。唯一『いじめの罠のような構造の、きみは犠牲者である』というようなことが指摘されているところがあるのですが、それは『いじめのワナのような構造』を婉曲に言われるようなものではなく、子どもたちが意図的に利用している『法的な状況』のことでした。そのことをはっきりと言わないと、必要な『対策』を立てることが出来ないのです。」（同、255頁）

［8］村瀬、一九九九、15頁。さらに、鈴木、二〇一二、225頁。

［9］「ギャング・エイジ」という用語が、発達心理学による一九七〇年代の産物であること、その意味が子どもの「社

会性の発達」や「集団性の獲得」と理解され、これを「一過性のもの」とみなす傾向が定式化された。これが一九八〇年代から支配的になる「発達観」に対応している点を指摘したうえで、村瀬は以下のようにさえ書いている。その用語が、「むしろ、『いじめ』理解を遅らせてしまう大きな原因をつくっていました。特に、『児童期』『青年期』という分類が、『大人への入り口』を見失わせてきた功罪は大きいと言わなければなりません。」（村瀬、二〇一九、35頁）。

[10]「二分の一パスポート」は、副題として「教室を安全に過ごせる『法の世界』にし、そこに入るためのパスポート」とされている。八つの許されないこと、それを受けた六つの合意事項が記されている。具体内容は、村瀬、二〇一八、１４６頁を参照のこと。なお、重要な視点は、「法の場」とは「教室―学校―社会」の場すべてに広がっていること、「トラブル―公開の場―先生―学校―親―警察」と話が進んでいくことを前提とすること、からもわかるように、あくまでそれがクラス会や学級会ではなく「広場」としての「公共」イメージを喚起している点である（同、１４２頁）。

[11] この点に関連して、村瀬は「いじめの四層構造」論を説く社会学者、森田洋司の全体的な見解（『いじめとは何か』、中公新書、二〇一〇年）を批評しながら、特に「いじめの定義」の欠落点を批判する。「いじめとは、同一集団内の相互作用過程において優位に立つ一方が、意識的に、あるいは集合的に他者に対して精神的、肉体的苦痛を与えることである。」（森田、二〇一〇、95頁）とする森田の定義に対し、以下のように指摘する。

「森田氏のこの『定義』にははっきりと欠けてる視点があります。それは、**子どもたちも、子どもたちなりの『法の世界』を生き始めているということへの視点**です。」（村瀬、二〇一八、２２７頁、強調文字・線は村瀬による）。確かに森田の「いじめの四層構造」論は、教室を「舞台」とした「劇場型」の現象傾向として、「いじめの構造」を記述する点では一体の有効性を持つ可能性があるが、「いじめの解決」という実践的な課題にはならない。森田が「力関係のアンバランスと乱用がいじめの本質を規定する」というような、「『パワーバランス』というカタカナで表記するしかない」（村瀬、二〇一八、226頁）ような分析は、社会学や社会心理学の客観主義的な説明の限界を物語る。村瀬としては、あくまで「教育の場」と「法の場」との二重性の認識の下で、教室を「広場」へと変える生徒・教師の実践的な課題として、「いじめの解決」はある、と主張することだろう。

[12] この引用の出典は、竹内常一「地域子ども集団の消滅と再生」（一九七二年）、『竹内常一　教育のしごと』第二巻、青木書店、一九九五年、13頁。

[13] 歴史学者家永三郎が、自ら作った歴史教科書に対する文部省の「検定」を不当として、三度訴訟を起こしたうちの第二訴訟（一九六七年）に関する第一審判決である。杉本判決は国＝文部省による「検定」が違憲であるとしたが、そのことは行政からの司法権の独立を示すものとしても大きな意義をもった。

[14] 堀尾輝久・前川喜平「対談〝忖度ファシズム〟の中の教育、日本」、『季論21』第四〇号、二〇一八年春、季論21編集委員会、参照。

[15] この引用の出典は、関曠野『教育、死と抗う生命』、太郎次郎社、一九九五年、12頁。なお、世代と教育の観点から注目すべき発言を行う関については、以下の言説をも加えて参照しておきたい。

「教育は、大人と子供の経験や知識の差にかかわらず、世代間の友情は可能であるという信念の上に成立している。そして今日でも、友情こそ教育の原点であることに変わりはない。このことを理解せずに大人―子供関係を力関係とみなして子供に制度の論理を押し付ける教師は、子供の世界に力への信仰を植えつけてしまう。明日の教育は、制度いじりではなく、教師―生徒関係の内発的な変化からしか生まれてこない。」、関曠野「教師を社会が支える時」、朝日新聞、一九九八年四月一三日、夕刊。

[16] 藤本卓「共同の世界に自治と集団の新生をみる――〈公〉でも〈私〉でもない〈共〉と〈協働〉について」、『高校生活指導』Ｎｏ．１０４、一九九〇年、所収。

[17] この論点をめぐっては、条約の成立に至るイデオロギー対立を含む歴史的背景を考慮する必要がある。差し当た

り、以下を参照のこと。森田明「児童の権利条約の歴史的背景――〈保護から自立へ〉の意味」、石川稔・森田明編『児童の権利条約――その内容・課題と対応』、一粒社、一九九五年。

[18] 村瀬は「家庭科からシチズンシップ教育へ向けて」として「**家庭科の時間に「広場」を設ける**」ことを具体的に提案する。「家庭科は赤ちゃんから老人まで、人生の全般をライフステージを学ぶ教科です。民法や法律のことも学ぶ教科です。そんな大きな視野を持った教科は他にはありません。そして大事なことは、その家庭科が、どういう人に育って欲しいかを願ってつくられている教科であるというところです。その家庭科の時間に、**「公共の人として生きる」単元の授業として「広場」つくりを実践**するのがいいと思います。」（村瀬、二〇一八、54頁）。

[19] 次の点を急いで付け加えよう。それは「生徒の自治」を実現する前提にある「教師の力」（「先生の力」）の条件についての村瀬の考えである。「**「広場」の実現は、子どもたちを「公の人」「法の人」として育てるだけではなく、先生方自身が、自分を「公の人」「法の人」として育ててゆく訓練の場**にもなっているということなのです。」（村瀬、二〇一八、30頁）。

## 【引用・参考文献】

村瀬学『13歳論――子どもと大人の「境界」はどこにあるのか』、洋泉社、一九九九年。

『いじめ――10歳からの「法の人」への旅立ち』、ミネルヴァ書房、二〇一九年。

『いじめの解決教室に広場を――「法の人」を育てるための具体的提案』、言視社、二〇一八年。

藤本卓『藤本卓 教育論集――〈教育〉〈学習〉〈生活指導〉』、鳥影社、二〇二一年。

森田洋司『いじめとは何か』、中公新書、二〇一〇年。

柏原兵三『長い道』、中央公論社、二〇一八年（『長い道・同級会』、小学館P+D BOOKS、一九八九年）。

藤子不二雄Ⓐ　『少年時代』愛蔵版、中央公論社、一九八九年。
中井久夫　「いじめの政治学」、『アリアドネからの糸』、みすず書房、一九九七年。
関曠野　『教育、死と抗う生命』、太郎次郎社、一九九五年。
竹内常一　『竹内常一　教育のしごと』第一巻、第二巻、青木書店、一九九五年。
鈴木剛　『ペダゴジーの探究――教育の思想を鍛える十四章』、響文社、二〇一二年。

# 第6章

# 「主権者教育」論の陥穽と歴史的思考

人々との交際ということですが、わたしとしては、書物の記憶のなかでだけ生きている人々を、なによりも含めているつもりなのです。歴史の本を通して、最高の時代の偉大な人々と交わることができましょう。……歴史を覚えさせるよりも、それについて判断することを教えるべきなのです。歴史というのは、わたしが思いますに、あらゆる題材のなかでも、われわれの精神というものが、もっとも多様な方法でもって、打ち込める題材なのです。

（モンテーニュ『エセー』、1・25／26、「子供たちの教育について」）

戦争が起こるのは物と物との関係からであって、人と人との関係からではない。戦争状態は、単純な個人と個人との関係からは起こりえず、物と物との関係からのみ起こりうるのだから、個人的戦争、すなわち人と人との戦争というものは、固定した所有権のない自然状態においてもありえないし、すべてが法の権威の下にある社会状態においてもありえない。

（ルソー『社会契約論』、第1編第4章）

## はじめに──「主権者教育」の概念と問題視角

一八歳選挙権、成人年齢の一八歳への引き下げの中、にわかに「主権者教育論」の展開が顕著である。この動きは公職選挙法改正、民法改正に伴う新たな教育課題への国家政策の一環に過ぎないともいえようが、同時に政策批判を含む理論的・実践的探求の動きでもある。「主権者教育」というタームの厳密な開始時期については措くとして[1]、今日少なくとも憲法改正手続きから国民投票というシナリオの想定の下でこの用語が選択されている点は注意されてよい。懐疑と批判も当然のことながら展開されている[2]。

そもそも「主権者」を育てる教育の内実とは何なのか。とりわけ、政府主導の「主権者教育」論に関して言えば、それが概念的検討を無視した議論であるとの批判もなされている[3]。そうした批判的論陣をも含め、「主権者教育」を語る言説群には、類似した概念も散見される。例えば、政治教育、政治的教養の教育、公民教育、シチズンシップ教育、政治的リテラシーの教育など。さらに法教育という領域からのアプローチもある[4]。

加えてその概念には、現在の「主権者」を対象とする教育という意味でなく、「将来の主権者」への教育に限定されるのか否かを問う余地もある。教育基本法の目的・目標たる人間像や資質・能力といかに関わるのか、同法の「政治教育」との異動、またそもそも「主権者」とは誰か、国民という集合体か、個々の国民一人一人なのか、さらに「国民」という範疇の外に想定された人々をも含むのか、[5]そして民法で規定される「成人」との関係構造、また単なる「選挙権」に限定しえない「政治的主体性」の育成を指すのか等々…、このように幾多の諸論点（概念的規定）が付いてまわる。そして、戦後の日本国憲法の下でそもそも「主権者」は育てられてきたといえるのか、言い換えれば、戦後日本社会は、憲法理念の下で「主権者」を育成してきたといえるのか、という根本的で懐疑的な「問い」（歴史的検討）もまたなされうる。筆者は二〇一二年の時点で次のように書いた。

毎年、新入生に意識の傾向を確認すると、大半の学生たち（一八歳）は、自分たちは「子ども」であると答える。（子どもの）権利条約との齟齬をみる。今日、民主党と自民党などで共通に推進する憲法改正論議の途上に、一八歳成人説の主張がセットになっているが、彼らの戦略目標に若い世代の政治的空洞化意識の活用があることも見逃せない。かつてのように、一八歳参政権要求は、必ずしも政治の革新に寄与しないという側面をみる必要があるのではないか。[6]

上記拙著の執筆時、政権政党は「民主党」であった。事実、民主党は改憲をマニュフェストに掲げていた。上にいう「政治の革新」が何を意味するかはいまだ抽象的だが、ここでは日本国憲法の三原則、理念の根幹が実施される政治の実現を意味している。ともあれ一八歳参政権と一八歳成人制度とが実現した（後者については二〇二二年度から施行）今日の時点で、大学新入生＝一八歳たちが自己をどう規定するかは、時間の経過の中で見届ける必要のある事項であり、そもそも制度の変更、法改正により彼らの自己認識・自己同定が自動的に変化するわけではない。法的強制力と社会的実態・意識との間に落差とズレがあり、法（制度）が期待することがらに対する意識の「空洞化」、言い換えれば、参政権を行使せずにスルーする一八歳の行動や意識こそが、むしろ政策的・戦略的に「活用」される危惧もある。さらには、現政権の改憲意図に適合するように主権者教育が機能し、一定の「効果」を生む可能性さえも容易に想定される。道徳の教科化もそれを担う一連のものであろうし、そもそも二〇〇六年の教育基本法の「改正」（全部改正）が、そうした政策の一環でもあった点も忘れてはならない。今日の主権者教育論の展開には、そうした点が視野に収められる必要があると思われる。

## I

## 主権者教育か、有権者教育か？——政策動向にみる矮小化の傾向

今次の選挙権年齢の引き下げは、当該の世代にとっては「獲得した権利」でなく、「与えられた権利」[7]である。この前提の確認はことのほか重要である。二〇〇七年五月の時点で、憲法改正手続き法（「日

本国憲法の改正手続きに関する法律」）が成立し、「日本国民で年齢一八歳以上の者は、国民投票の投票権を有する」と規定された。同法附則を受け、同年六月に公職選挙法改正により一八歳選挙権は実施に移されるスケジュールが整った。このような経緯を挙げつつ、「選挙権年齢の引き下げは、若者を中心とする国民の運動の成果として獲得されたものではない。[8]」と奥野恒久は指摘し、「国民の主体的な熟慮・熟議を欠いたところでは、メディア操作とあいまってただ権力を正当化することになりかねない[9]」と懸念を表明する。何よりも、安倍政権の改憲への歩調を視野に入れての批判である。

この点に関わり、一八歳選挙の政策的準備とその後の法改正に伴う経過から、いくつかの指摘が可能である。第一に、すでに平成二七年には文科省においては「主権者教育の推進に関する検討チーム」（義家文科副大臣チーム長）が設置され、「中間まとめ」及び「最終まとめ」が発表されている。第二に、総務省と文科省との合作になる高校生用の副教材『私たちが拓く日本の未来――有権者として求められる力を身に付けるために』が、二〇一五年に発行され、活用されている。そして、第三に、二〇一六年第24回参議院通常選挙（以下「参院選」）の実施後には、総務省に「主権者教育の推進に関する有識者会議」が置かれ、「とりまとめ」（平成二九年三月）が出されるに至っている。それらのいずれの内容を見ても、主権者教育と謳いながら、実際にはそれが有権者教育に矮小化されている。

例えば、「主権者教育の推進に関する検討チーム」（文科省）では、「主権者教育」を「主権者に求められる力の養成」との言い換えに止められている。「主権者教育の推進に関する有識者会議」（総務省）

においても、前者の「最終まとめ」（文科省）にある「主権者教育の目的」の定義を資料の一部として、以下のように引用するのみに止められている。

　「主権者教育の目的を、単に政治の仕組みについて必要な知識を修得させるにとどまらず、主権者として社会の中で自立し、他者と連携・協働しながら、社会を生き抜く力や地域の課題解決を社会の構成員の一人として主体的に担うことができる力を身に付けさせる」ものとされている。（48頁）

と。これは単に、学習指導要領改訂に符合した「主権者として求められる資質・能力」の引用・反復にすぎないものだ。また、『「主権者教育」の実施状況』とする文科省の報告（平成二八年六月一三日公表）は、これを「「政治的教養の教育」の実施状況」と言い換え、「政治的中立性の確保」を前提として強調している（3頁）。これを受けるかのように教師へのコントロールがすでに想定されていることも後述するとおりである。

　ところで、先述の高校生用副教材、『私たちが拓く日本の未来――有権者として求められる力を身に付けるために』（全二九頁）は、完全に「主権者」が「有権者」に置き換わっているのだが、無視できないのは次の二点だろう。第一に、その〈はじめに〉はタイトルを「未来を担う私たち」とし、高校生への問題提起的な前置きの位置づけをするのだが、サブタイトルは「〜責任ある一票を〜」である。第二に、〈解説編〉は全五章構成。第一章「有権者になること[10]」、第二章「選挙の実際」、第三章「政治の仕組み」、第四章「年代別投票率と政策」、そして仕上げの第五章は「憲法改正国民投票」である。「主権者教育」の目標が選挙と投票に限定され、改憲のための国民投票で収束する。政策的意図がここまで明快に読みとれることに改めて驚かされる。なお、〈実践編〉の肝は、ディベートと模擬投票。〈参考編〉のそれは「学校における政治的中立の確保」である。加えて全九六頁にも及ぶ教師用の副読本指導書『活用のための指導資料』が発行され、政府の意向が貫徹されようとしている。先述のように今次の一八歳選挙権年齢の導入は、「獲得した権利」でなく「与えられた権利」であること、それは参政権の拡大を要求する国民運動というより、憲法改正国民投票とその前提としての国政選挙を想定した政策展開の一環である。文科省と総務省との合作による学校教育への準備プロセスもまた、元々「主権者教育」というスローガンの出所、総務省発「常時啓発」に由来する点も銘記しておくべきだろう。

確かに、二〇一一年の総務省「常時啓発事業のあり方等研究会」に委員として参画した教育学者の小玉重夫が自ら提言したというように、そこには一九九〇年から欧米において注目された英国の通称クリック・レポート[11]のシチズンシップ教育、とくに学校での「政治的リテラシー」教育の強化の志向がある点は事実だろう[12]。しかしその「あり方事業」の発想の起点は、戦後日本の民主主義を支える「明るい選挙推進運動」のための「常時啓発」の法制化（昭和二九年）における三つの目標、すなわち「選挙の浄化」「投票参加の促進」「政治意識の向上」という施策の延長線上にあるものである。その意味で「主権者教育」は、狭く限定された「常時啓発」の二一世紀ヴァージョンにすぎないとさえいえる。なお、こうした「新たな啓発事業の検討」が要請される中での「主権者教育」の提唱であったが、その参照の起点は平成二一年の「教育再生懇談会主権者教育ワーキンググループ」（主査：篠原文也）であった[13]。

改憲の主体は国民一人ひとりであり、単なる投票でなく投票運動として主権者の「熟議[14]」を前提とする。それは、佐貫浩のいう「憲法改正論争事態[15]」をも想定した教育実践理論としての新たな主権者教育論の要求を必然化するだろう。本来、主権者教育論には、そうした「論争事態」に立ち会い、「問題としての憲法改正」についての、とりわけ公教育の中での「熟議」と学習の機会の保障が必要だ。「熟議」のためには原理的かつ歴史的な「問い」が不可欠だが、展開する「主権者教育」政策にそうした「問い」は全く不在である。

## Ⅱ　立憲主義と憲法制定権力の「対抗と補完」

「憲法学の典型的な理解」として多くの論者に引用される芦部信喜説は、次のようにいう。

憲法は社会契約を具体化する根本契約であり、国民の不可侵の自然権を保障するものであるから、憲法によってつくられた権力である立法権は根本法たる憲法を改正する資格を持つことはできず（それは国民にのみ許される）、立法権は憲法に拘束される、したがって憲法の改正は特別の手続きによって行われなければならない。[16]

憲法に定められた立法権もまた、憲法自体をコントロールする国民主体の意思に拘束されるということ、すなわち、「立法権は憲法に拘束される」とはそういう意味に解される。ここには、「立憲主義」と「憲法制定権力」の関係構造が映し出されている。権力は法によって縛られる（法の支配）という原理とともに、法＝憲法それ自体が国民によって作られる、という両面の原則の統一だ。だがその関係が奇しくも「倒錯した」かたちで権力者から語られた、最近の経緯がある。樋口陽一の挙げる以下のような政治過程があるのである。

二〇一二年一二月の衆院選挙の結果、民主党に代わって安倍政権が発足した。すでに自民党は憲法改正草案（同年四月二七日付）を発表していたが、改憲を打ち出し、その成立を図るための作業として、現行憲法の手続規定（憲法第九六条）をのみ変更しようと首相は画策した。それは憲法＝立憲主義に反するという批判に対して、「そんな言葉は耳慣れない」「聞いたことがない」と反応したのが安倍首相だった。さらに、憲法改正国民投票のためには「各議院の三分の二以上の賛成」による国会の発議が必要な点を難じて、「たった三分の一を超える国会議員の反対で発議できないのはおかしい。そういう横柄な議員には退場してもらう選挙を行うべきだ」と述べたという（二〇一三年七月）。国民投票へと突き進まんとする「熱意」が、それを阻もうとする立法府のあり方を「横柄」として難じたわけだが、ここには「立憲主義」と「憲法制定権力」論との倒錯的な表れがみられる、と樋口は指摘したのだった。[17]

「憲法を国民に近づける」と称して、衆参両院の三分の二という規定を過半数にハードルを下げ、国民投票における投票数の過半数という規定については、最低投票率の基準を明記しない、とする（第九六条の）「先取り改憲」の意図を、またぞろ首相（政府自民党）は露わにしたのだが、「改憲論者」を自認する憲法学者の小林節はこれを「裏口入学」と呼んで批判した。先述の安倍発言は、そういう局面でなされたものであった。なお、この第九六条の「先取り改憲」を支持し、「憲法を国民の手に――九六条改正はその一歩」と主張する憲法学者も少数ながら存在する。[18]

本来、主権者教育は、「立憲主義」と「憲法制定権力」との関係構造という原理的な問いを学習者に求めるものであろう。少なくとも近代の法理論に基づけば、「主権者」とは「権力からの自由」とともに「権力への自由」という双方向の「自由の主体」でありうる。一方で、権力そのものに対する制限――議会選挙への主権者の投票行為を介し樹立される立法権力への批判を含むベクトル（立憲主義）と、他方で、憲法そのものをつくる力としての――その前提としての「先行する法秩序を壊す力」（樋口陽一）としてのベクトル（憲法制定権力）との、緊張を孕む関係が、問題に設定される論理必然性がある。「いかなる権力も制限されるべき」（広義）という「立憲主義」が、議会多数派の力によって踏みにじられているという現状がある。「安保法制」等の国会審議にみられる度重なる強行採決、絶対多数の横暴があり、自民党が二五％の得票率にして七五％の議席を確保するという、現行の小選挙区比例代表制が生み出した立法府の権力構造、そしてそれがもたらす議会制民主主義の形骸化がある。

権力者が「倒錯した」形において表出する「立憲主義」と「憲法制定権力」との関係について、樋口は両者の「対抗と補完」という原理的な問題提起を行っていたのだが[19]、ここで重要なことは、「立憲主義」と「憲法制定権力」との「対抗と補完」の緊張を支えるものこそが、「「市民」の自己陶冶」と「「国民」を構成する個人一人ひとりの自己形成[20]」に他ならないとの指摘である。両者の緊張関係ないしは「対抗と補完」の実質は、「市民」・「国民」（へ）の教育によってこそ担保される。これは主権者教育論のコアとなる認識の基本的枠組みであろう。

樋口において、「立憲主義」と「憲法制定権力」との「対抗と補完」という論点を導く契機となっているのが、今日のデモクラシーを規定する国家像としての「ルソー＝ジャコバン型」と「トクヴィル＝アメリカ型」との対比による思考の問題提起である。すなわち、「「自由」と「国家」の対抗関係と依存関係」の理解にかかわる問題設定であった。それはまた、「主権と人権という憲法学の二つの基本観念の、密接な相互連関と緊張[21]」の解読を要請する問題でもある。一九八九年というフランス革命二百周年の時点でのその樋口の理論的問題提起は、ちょうど同じ時期に、「共和国とはデモクラシー＋何かである」とするレジス・ドゥブレのそれと軌を一にする興味深いテーマでもあった[22]。

「立憲主義」と「憲法制定権力」との「対抗と補完」という論点、それは一方において「立憲主義」が「法の支配」を、かつ統治権力の乱用に対する人民による革命権をも含む抵抗と打倒の権利（権力）を想定するのに対し、他方において「憲法制定権力」が新たな権力の創造とその作為された共同的・政治的結合体を自己統治する、集団的な能力として想定される。この問題設定に対応するかのように、フランス文学・社会思想研究者の水林章は、フランスにおける「ふたつの政治＝ポリティック」の概念について説明することで、「立憲主義」と「憲法制定権力」の関係構造を示す。フランス語の用法では、「上部構造」としての「政治 la politique」と、それを「深層において可能にしている」「下部構造」としての「政治秩序形成原理 le politique」とが区別されうるという。[23] la plitiqueとle politiqueとの、両者の関係構造が当該国家の、ないし政治結合体の固有の性格を形づくる、と水林は指摘する。わが国のケースに即して引き取れば、戦後日本の憲法の「「うまれ」と「はたらき」」[24]（順序は逆になる）という歴史的特殊性が、そうした〈構造〉に即して日本社会には刻印されているということになる。

## Ⅲ──近代立憲主義と憲法第九条

この仮説に従えば、わが国の憲法と政治構造にもそれは反映されているはずだが、その検証がここでの目的ではない。だが立憲主義と憲法第九条との関係の中にこそ、その「歴史的特殊性」の一端は表せられることだろう。

改憲派が衆・参両院の三分の二以上に達することで、憲法の改正手続きが可能となる。「硬性憲法」と称される日本国憲法の「改正」のための国民投票の前提がつくられる。目下「戦後レジームからの脱却」という政治目標に沿って地ならしが行われているといえるが、第九条こそ、改憲プロセスの焦点となっているものだ。そのための重要事項の一つとして参政権の一八歳への引き下げはあったとみてよいし、「主権者教育」の主導的な政策展開はそのことと呼応している。以下、立憲主義の問題を憲法第九条との関連から考えてみたい。

立法府の「舞台」である国会がもはや機能不全に陥っており、議会制民主主義は危機の只中にある。それは政治権力の逸脱的作法の常態化に対する「諦め」と「呆れ」の社会的「気分」、一種の政治的意識を醸成している。政権政党のサボタージュをメディアは批判せず、その「舞台」そのものを報じようとしない。六年半前、「安保法制」（集団的自衛権行使の戦争準備法）の暴挙に民意は国会外での抵抗を示した。政府のその行為自身が憲法に対するあからさまな挑戦であること、立憲主義に悖る行為であることが、「立憲主義」という概念を主権者・国民に想起させることとなったのである。

「法の支配」には、広義・狭義の二つの意があるが、[25] 暴走する政権はその二つの側面を全面的に攻撃し、近代立憲主義をも形骸化させる。まずは、日本国憲法第九九条の「憲法尊重擁護の義務」をのっけから否定し去り、改憲に突き進む姿は何よりも自らが法によって縛られているという、「法の支配」(広義の立憲主義)を済し崩しにする。そして、「自民党憲法改正案」(二〇一二年)に直接表現されるように、「個人の尊重原則」(憲法第一三条)が、「個人」の消去による「人」への差し替えという形で否定される。さらに「公共の福祉」は「公益及び公の秩序に反しない限り」と書き換えられ、表現の自由をはじめとする「人権が「公益」の名のもとに制限が加えられる構図が透けて見える」[26]。加えて、「家族生活における個人の尊重と両性の平等」(同二四条)は、「家族は互いに助け合わなければならない」との道徳規範に変換される。以上、「個人」の尊重を前提とする近代立憲主義、基本的人権の根幹が真正面から攻撃されるのである。

立憲主義という言葉が今日に至るまで、戦後の憲法論議においてポピュラーとはならずに推移した歴史的背景を樋口は指摘している。それによれば、「社会・経済関係の近代化」問題が論壇を覆い、権力の制限問題に論点が及ばなかったこと、憲法九条問題においても個人の尊厳や自由の問題とリンクしえなかったことが影響している。労働組合運動に担われた護憲運動の集団主義の特質に制約されていた可能性の指摘である[27]。この指摘を踏まえると、今日とりわけ個人の価値に立脚する近代立憲主義と憲法第九条との関係を問う視点はいよいよ重要になっており、「いま、日本国憲法九条を不可欠の柱として成立してきた戦後日本の立憲主義の意味を、再定位することが求められている[28]」とする主張には傾聴すべきものがある。

ここで、改憲の戦後史という観点から、かつての政治状況に関する言説に触れてみたい。丸山真男の一九六三（昭和三八）年時点での以下の指摘である。

…同二九年の一一月に自由党の憲法調査会が「日本国憲法改正案要綱」を発表し、全面改正を打ち出しました。こうして翌昭和三〇年の二月の総選挙は、改憲問題を唯一ではないにしても最大の争点として闘われ、ご承知のように「護憲勢力」が三分の一を得るかどうかということが、国民関心の焦点となりました。その結果は、護憲勢力が辛うじて三分の一以上を占めることになった…[29]

丸山はこの機を前後に改憲勢力のトーンが変わったと分析する。周知のとおり同年一一月の保守合同で「自由民主党」が誕生するが、これ以降、改憲勢力は、「平和主義、民主主義及び人権尊重の原則」の「堅持」を謳いつつ、現行憲法の「自主的改正」を打ち出すことになる（新党の政治綱領）。この動きの中で「憲法調査会法公布」（昭和三一年六月）に至るが、丸山の認識は次のような内容である。「現憲法の根本精神は少しも動かさないということをしきりに弁明しだすのは、むしろ昭和三〇年二月の総選挙以後のこと」であること、その背景には「アメリカの戦略体制の一環としての日本再軍備」という政治状況がある。朝鮮戦争から警察予備隊設置、保守合同によるいわゆる「五五年体制」の始まりの時期である。その下で日本社会党など「『護憲勢力』が三分の一」の状況は、保守勢力にとっては予想外の力を意味したという把握である。

新たな歴史的文脈においてだが、現在の私たちが体験している改憲動向の背景にも「アメリカの戦略体制の一環としての日本再軍備」という政治的現実がある。かつての丸山の指摘も改憲の焦点は憲法第九条問題にあったが、私たちの立つ現在の位置もそのリアルな継続点に他ならない[30]。

「改憲勢力のトーン」がどのように変化しているかの分析は措くとしても、アメリカの軍事戦略に基づく対日圧力の中で、解釈改憲はエスカレートを極め、ついには「集団的自衛権」の行使を可能とする二〇一四年七月の閣議決定に至っていることは周知の事実だろう。防衛省への格上げは達成しているが、さらに解釈改憲から大きく舵を切って、秘密保護法、戦争準備の「安保法制」化の流れの中で「積極的平和主義」を謳う改憲が目論まれている現在がある。めざすは、九条第二項の無力化のための、海外派兵を行いうる自衛隊の存在明記にある。

同時に、憲法「三原則」のかつての「堅持」はむしろ後退、それどころか、先述の自民党「日本国憲法改正草案」はそうした議論の水準さえ跳梁した「国のかたち」を示す。それは、憲法に基づく政治という近代国家における立憲主義そのものを否定し、明治憲法のもつ近代法としての枠組みすら破壊する「驚愕」に値する域に達していると言われる[31]。

日本国憲法がそもそもフランス人権宣言、一七八九年の普遍的原理の「衣鉢を継ぐ」ものであるとする前出の水林章は、自民党改憲草案について次の点を指摘する。第一に、「近代国家の大前提であるはずの国家の立憲主義的構成（法が権力に命令する仕組み）そのものを破壊[32]」し、第二に、「近代自然法思想の流れを汲む日本国憲法を打ち捨て、権力ではなく国民の行為規範を定めているという一点においてもはや言葉の正確な意味における憲法とは言えない[33]」、と。

憲法が形骸化されているポイントはいくつもあるが、やはり戦争放棄と戦力不保持を規定した第九条を焦点に据える必要がある。憲法が禁じる戦争行為（集団的自衛権の行使）へと突き進む現下の政治状況を思うとき、一九六〇年代における丸山真男の先の報告は、権力による改憲意思が第九条の否定を焦点にしていることの歴史的意味を改めて考えさせてくれる。日本国憲法前文と第九条との「思想的連関」を問題にする中で、二つの観点からその意味の検証が可能だと思われる。一つは日本国憲法の立憲主義の再認識であり、二つはその平和主義の持つ国際性と普遍性という認識の問題である。

まず、第一に、日本国憲法は前文において、「政府の行為によって再び戦争の惨禍が起ることのないようにすることを決意し、ここに主権が国民に存することを宣言し、この憲法を確定する。」と宣言するが、その意味の再確認である。本質的に戦争は直接には政府によって引き起こされるという、事実認識・歴史認識である。それは我々の経験則に従って判断できる。戦争は政府が起こす政府の行為なのだから、その政策決定を防止する力は、人民による政府へのコントロールであること、つまり人民主権というシステムが戦争の阻止を可能にする。第九条の戦争放棄と交戦権の禁止の規定は、そうした前文を受けて、政府の暴走を防ぐ法の規定として築き上げられた。この意味で、人民主権原理が九条（という立憲＝法の支配）によって政府（権力）を縛ることができる。「いかなる権力も制限される」という広義の立憲主義の理解も、九条によって担保されているといえる。第九条と「前文」との関係である。

第二に、九条に示された平和主義、そしてとりわけ戦力と交戦権の放棄をも含むそれは、敗戦国としての特殊な状況のなかで強いられたという主張に対する反論の根拠である。丸山は、恒久平和と非暴力思想の発展の歴史を日本の内外の思想史にその存在位置を認めたうえで、その理念の採用にかかわる独自の経緯、すなわち外圧でなく内発的契機に着目する。一九四六年三月二七日の第一回「憲法調査会」における同会の総裁、幣原喜重郎首相の挨拶を丸山は長文のまま引用している。政府による憲法改正草案の直後の時期に、幣原は草案の第九条原案の趣旨を紹介し、以下のように述べる。

斯くの如き憲法の規定は、現在世界各国何れの憲法にもその例を見ないのでありまして、今尚原子爆弾その他強力なる武器に関する研究が依然続行されておる今日において、戦争を放棄するということは、夢の理想であると考える人があるかもしれませぬ。併し、将来学術の進歩発達によりまして、原子爆弾の幾十倍、幾百倍にも当る、破壊的新兵器の発見せられないことを何人が保障するでしょう。若し左様なものが発見せられましたる暁におきましては、何百万の軍隊も、何千隻の軍艦も、何万の飛行機も、全然威力を失って、短期間に交戦国の大小都市は悉く灰塵に帰し、数百万の住民は一朝皆殺しになることも想像せられます。今日われわれは戦争放棄の宣言を掲ぐる太紀を大旆を翳して、国際政局の荒漠たる野原を単独に進み行くのでありますけれども、世界は早晩、戦争の惨禍に目を覚まし、結局私共と同じ旗を翳して、遥か後方に踵いて来る時代が現れるでありましょう。[34]

こうした幣原の思想が、「核兵器時代における第九条の新しい意味を予見し、むしろ国際社会におけるヴァンガードの使命を日本に託したもの」であると評価すると同時に、丸山は「すくなくとも現憲法の立法者の間にはこういう考え方もあった」という側面を見逃してはならないと指摘している。[35] ついでにふれておくと、この時点の丸山においてもそうであるように、「伝えられるマッカーサー・幣原会談の真偽はともかく」とする認識は、今日ではすでに過去のものとなっている。一九四六年一月二四日にマッカーサー・幣原会談が行われた事実に加え、戦争禁止の第九条がマッカーサー側からでなく、幣原からの提案であったことは、高柳賢三・マッカーサー往復書簡からも実証されている。高柳賢三（一九五六年設置法に基づく岸信介の下で始動した憲法調査会の責任者）の質問に、マッカーサー自身が書簡で明言していることを、最近、堀尾輝久が確認している。「戦争を禁止する条項を憲法に入れるようにという提案は、幣原首相が行ったのです。」とのマッカーサー自身の回答である。[36]

このように憲法第九条が核兵器時代にあって全く新しい意味を世界史的に持ちうるということを、幣原という「現憲法の立法者」の一人が見出していたという事実、丸山も指摘するその事実のもつ意義は大きい。「みっともない押しつけ憲法」の最たるものとして、第九条を攻撃の的とし、改憲の焦点としている現在の政治指導者の立論根拠を、その歴史的事実が崩しているからである。
以上に述べた二つの論拠から、今日、憲法九条を中心に置くという特質をもつ、わが国の立憲主義の今日的価値は、人権のコアとしての「個人の尊厳」「個人の尊重」という観点から「再定位」されることに向かうだろう。戦後憲法（論争）史を踏まえ、憲法九条の意義の「再定位」の必要について樋口は言及し、次のように述べている。

しかし、国連憲章が採択された一九四五年六月にはまだ知られていなかった核兵器の登場と、「きれいな」殺傷兵器テクノロジーの異様な発達を知るようになった今、個人の尊厳を核心とする近代立憲主義は、「近代」のもうひとつの面が生み出した技術文明の暴走への内側からの批判に応えるためには、改めて、憲法九条の理念を自らに必然のものとして選びとり直すことが求められているのではないだろうか。[37]

それは、「力による正義」という近代における立憲主義が一面で持ちうる伝統的価値からの解放をも、同時に意味するという点で歴史的意義をもちうるだろう。なぜならば、「ルソー流のデモクラシー観の源にある古代ギリシャのデモクラシーが、もっぱら武装能力ある男性を『市民』としてその基礎単位とし、『武器をとる者が投票する』（alleraux aux armes, aller aux urnes）という伝統をつくってきた。」のであるし、さらにまた「革命であれ戦争であれ、より広い意味で『権利のための闘争』であれ、最終的には力をもってしてでも確保されるべき正義、という考え方が、立憲主義と矛盾しないばかりか、むしろ積極的に結びつくものとしてとらえられてきた」（樋口）からである。[38]

## Ⅳ 憲法制定権力と「教育の力」——教育における「変革主体の不在」論に関連して

樋口陽一は、立憲主義と憲法制定権力との「対抗と補完」の緊張を支えるものこそが、「「市民」の自己陶冶」であり、「「国民」を構成する個人一人ひとりの自己形成」に他ならないと指摘した。この点こそ、本来の主権者教育（論）の意味ではないのか。権力者の口から、「倒錯した」かたちにおいて思わず表出された「立憲主義と憲法制定権力との関係」は、「本来のかたち」に戻せば、九条を含む現在の憲法の理念と歴史を踏まえた実質化の営為そのもの、つまりデモクラシーの成熟という、わが国における主権者の政治行為のあり方に関わるわれわれ自身の課題であるといえる。立憲主義に反する改憲を許すかどうか、より正確に言えば、現憲法を、自民党憲法改正案に置き換えるという事態に進ませるかどうか、この選択の実質にかかわる内容が「憲法制定権力」の含意に他ならない。フランス革命（前夜）におけるシィエスの用語法と観念に発する「憲法制定権力 pouvoir constituant」であるが、今日まで憲法学者としてその言葉を使うことには慎重であったと樋口は述べている。というのもそれは、「先行する法体制を壊し、いわばさら地の上に新しい秩序を創る、破壊と創造のエネルギーを担った言説[39]」であるからだ、というのである。改憲を阻止する、あるいは状況によっては、国民投票に至って国民の過半数が改憲に反対の意思表示をなしうるには、この「憲法制定権力」自体が試されることになるからであり、それは重大なリスクを負う中での「危機的な状況」に使用される緊迫した〈用語法〉だからである。それは「押し付けられた憲法」に対して、憲法を敢えて「選び直す[40]」ことに伴うリスク、すなわち予測不可能な民意の水準に規定されるリスクを伴うが故に、慎重にならざるを得ない選択なのである。

いずれにせよそれは、ある種の「憲法改正論争事態」（佐貫浩）の想定を実質化する切迫した情況でもある。それは、かつてこの国で生じた政治情況に私たちを連れ戻す。私たちは憲法をつくりえる（た）主体でありえたのかどうか？　歴史的思考を働かせるなら、以下の事柄に理解が及ぶことだろう。

幣原による戦争放棄の憲法九条の提起があったにせよ、「戦前からの伝統をもつアカデミズム憲法学が、日本国憲法という実定法を自前でつくり出すことができなかった[41]」という事実は動かない。戦前の「国体」を支える憲法構造は不変であった。そのことは、立憲主義によって「国体」を正当化する天皇機関説に立って、一九四五年一〇月の段階で「憲法改正不要論」を説く、美濃部達吉のケースに代表されるだろう[42]。まして、「松本案」と通称される四六年一月の「憲法改正要綱」（松本烝治国務大臣を委員長とする、四五年一〇月、内閣に設置された憲法問題調査委員会の下での）においても、「至尊ニシテ侵ベカラズ」とする「天皇制絶対主義という枠は揺るがなかった[43]」のである。政党レベルにおいても「与党案がいずれも旧憲法の天皇主権等を堅持しポツダム宣言の方針に沿うものではなかった[44]」のであり、「国体護持」のその憲法構造は不変であった。

そしてさらに、「国体護持」が教育勅語によって完璧に補完されていた問題に対する総括という点でも、検証すべき様々な課題が残されている。敗戦後においても依然として「国体護持」と国民主権とが両立するとする学者たちの見解は、教育勅語の存続を当然とする価値観に覆われていたのである。

ここで、一九六〇年代を終えた時点での、わが国の戦後教育通史の一つである『戦後教育の歴史』(初版、一九七〇年)に注目してみよう。同書を編むに際して、編者の五十嵐顕(教育行政学)の問題意識の中心には、「教育の主体を形成する観点」があったという事実は注意されてよい。それは、教育哲学者・勝田守一のいう敗戦後日本の出発に際しての、教育における「変革主体の不在」という論拠を意識して述べられたものである。[45]ポツダム宣言の受諾という第二次世界大戦の終結の仕方、まがりなりにもそれは戦前日本の国家主権の行使としての決定であったが、その無条件降伏という状況から、新たな社会体制=法体制の創出を可能とする「叡智」が私たち日本人と日本社会にあったといえるのかという問い=疑問であり、それに対する「不在」という勝田の判断に関わる。それは端的に、戦後の日本国憲法の制定が連合国総司令部(GHQ)の指導の下にしか行いえなかったという結論と深く関係している。[46]

教育における「変革主体の不在」とは「教育の力」の無力と欠如である。それは、樋口の指摘する「「市民」の自己陶冶」と「「国民」を構成する個人一人ひとりの自己形成」の問題である。つまりそれは、「教育の力」を行使すべき主体の不在、かつ「憲法制定権力」の不在を意味していると解される問題である。その論理を延長してゆくと、「主権者教育」に関するわが国に固有の問題に突き当たる。そこには憲法と教育基本法との関係構造の問題、政治と教育との不可分な関係という観点が再確認できるのである。

こうしてここに、戦前の「教育勅語体制」から戦後の「憲法＝教育基本法体制」への転換という社会体制（レジーム）の転換の際の「憲法制定権力」の不在という状況の一端が、象徴的に表されていることが了解できよう。結論的にその問題を考えるためのキーワードを再提示すれば、「教育の力」ということになる。教育基本法前文がそれである。憲法と教育基本法との一体性という視角において、この問題の所在である「憲法制定権力」を捉え直すことができる。

> われらは、さきに、日本国憲法を確定し、民主的で文化的な国家を建設して、世界の平和と人類の福祉に貢献しようとする決意を示した。この理想の実現は、根本において教育の力にまつべきものである。

先述のように、教育における「変革主体の不在」に論及した五十嵐は、「教育の力」と「われら」（憲法を確定した主体）という主語の在り処をめぐって問いを発する。「この『われら』こそ、『決意』の表明者、その実現者としてまえもって教育され形成されているべきもの」であり、「前提されるべき主体をいわば先取りしている[47]」と。五十嵐は、この「論理的に先取りされた」「われら」（＝憲法の確定者であり、かつ教育する主体）が、現実態としては誰なのか、を問う。言うまでもなく、「一九四五年にはじまる民主教育の主体が、それに先立って形成されることが不可能であった」という事実を踏まえ、結論的に五十嵐が指摘するのは、戦前における教育主体（わが国の軍国主義、全体主義、絶対主義的天皇制）をもまた温存する対日占領政策の主体たる「アメリカ帝国主義」と、その支配構造の問題であった。

「戦前の教育主体」はまた、「次第に帝国主義・軍国主義復活の推進者として、またアメリカ帝国主義の同盟者へと変質強化してきた」存在であり、現在における「教育の主体」に他ならない。五十嵐によれば、アメリカ占領政策は、一方で日本の民主化を進めながら、他方で一九四五年八月一五日の文部大臣訓令の以下のような「正体を表現するところの支配階級」を積極的に温存し利用したのだ、という。敗戦は——「偏ニ我等に匪窮ノ誠足ラズ報国ノ力乏シクシテ皇国教学ノ神髄ヲ発揚スルニ未ダシキモノ有リシニ由ル……」、「各位ハ深ク此ノ大詔ノ聖旨ヲ体シ奉リ国体護持ノ一念ニ徹シ……[48]」とする「教育の主体」に他ならない。

こうした状況を「教育変化の主体にかかわる欺瞞と矛盾[49]」と五十嵐は呼んでいる。その主張は、「教育の主体」自体が「教育」されねばならない、という論理に行き着く。それは本章の行論に沿って言えば、政治と教育の結合論理であり、「憲法制定権力」の問題、あるいは立憲主義と憲法制定権力との「対抗と補完」を問う論理そのものといえよう。

さてもう一人、この教育基本法前文のキーワード「教育の力」の意義を説く教育者・安積力也の文章を挙げよう。

> 民主的な平和国家を実現するためには、そのような国家をつくり出すに足る「主体」が新しく形成されることが必須であり、それこそが「根本において教育の力にまつべきもの」でありました。個人の尊厳性を自覚した国民を育てる教育。その教育の力を待たなければ、非戦平和と民主主義の国は実現しない。そのように洞察された方々によって、改めて「教育の憲法」として、あの『旧教育基本法』は制定されたのでした。[50]

みられるように、安積は二〇〇六年一二月の教育基本法「改正」(全部改正)によって消し去られた、戦後の教育基本法前文のかかるキーワードの意義について痛恨の思いを込めて述べるのである。「そのような国家をつくり出すに足る『主体』」、すなわち、いまだ存在してはいない憲法制定権力の担い手を問題にしていたことになる。平和と個人の尊厳と国民主権の担い手を育成する「教育の力」、言い換えれば、憲法と一体をなし、憲法的価値を実現するものとしての「教育の憲法」と呼ぶべき教育基本法を「洞察した人々」の存在に、安積は触れているのである。

だが事情はそう単純ではないことも明らかだ。一九四六年八月に至るまで、教育勅語擁護論と新教育勅語渙発論が支配していた状況の継続からわかるように[51]、日本国憲法の制定過程と同様の価値対立の構造のなかで「教育の憲法」はようやく実現をみるのであり、その渦中においてそれを「洞察しえた人々」と、「国体護持」の継続を是とするリーダーたち（敗戦後の三人の文部大臣）との協議のなかで作業は行われたのであるから。例えば、当時、文部省社会教育局調査課長であった宮原誠一（後に東大教授）は書いている。「前田多門、安倍能成、田中耕太郎氏らに代表されるオールド・リベラリストたちは、本心から真理と自由の精神をたっとぶ人たちだったが、同時にまたいずれも天皇に愛着を持ち、教育勅語に執着していた。各人ニュアンスのちがいはあるが、いずれも民主主義と国体護持がなんらかの仕方で結びあわされることをねがっていた[52]」。

制定過程を辿ることがここでの目的ではないので、以下の点の確認に止める。教育基本法制定の組織となった教育刷新委員会の七回の総会、一二回の委員会審議のなかで、基本理念をめぐり「進歩派対保守派の論争の中で形成されていったこと」である。保守派は「奉公」「忠孝」を主張し、進歩派は「平和」「個人の尊厳」「勤労」を主張していたなどについての論議の末、最終的に「前文（案）は教育勅語に代わるものとして置くとすれば、斯ういうものにして行きたい」（南原繁・委員会議長）との提案のもとに、教育勅語に代わる「教育基本法の制定」の方向に向かっていた、ということである[53]。

こうして制定に至る教育基本法であるが、周知のとおり教育勅語との併存が続いたのち、後者が立法府の決議によって公的・法的にその効力を失うのは一年二カ月以上も後の一九四八年六月一九日の衆・参両院での国会決議によるものであった。しかも重要なことは、これら勅語の無効に関する法的処置にもかかわらず、今日に至るもなお、教育勅語の「教材としての価値」を肯定し、その活用をオフィシャルな見解として憚らない政策的な動向であろう。政府閣議決定は「憲法や教育基本法に反しないような形で教育に関する勅語を教材として用いることまでは否定されない。」（二〇一七年三月三一日）とした。

現憲法の下ででも戦前的価値（教育勅語）との連続性を消さずして、戦後も旧レジームの制度的維持を企図すること、それは戦後史のなかの改憲の歴史と一体的なものである。その意味で、「教育の力」と「教育の主体」の在り処、そして「憲法制定権力」の真の在り処を問うという問題は、現在も継続中の私たちの課題であることを忘れてはならない。

## 結び——主権者教育・メディア・公教育

制度的存在として「憲法下」に生きる者たちには、「憲法の蚊帳の外」に生きる、という選択肢があり得ない。その意味で、主権者にとって「中立」「公正」の領域は存在しない。そこでは「主権者」自身による憲法（改憲）への「熟慮」「熟議」による「判断」が求められる。二〇一一年の総務省「常時啓発事業のあり方等研究会」の最終報告書「社会に参加し、自ら考え、自ら判断する主権者を目指して――新たなステージ『主権者教育』へ」を受け、この流れで、同年には一般社団法人「主権者教育推進機構」が発足し、当機構の「主権者教育学術会議委員会」主催によるキックオフ・シンポジウム「主権者意識と民主政治~私たちの未来社会を私たちが選ぶ社会へ~」が開催されている。その中でのメディア研究を専門とする若き社会学者、西田亮介の発言に注目してみたい。日本社会の将来展望のない「結構難しい時代」という指摘の後、彼は次のように発言する。「…たとえば近いイシューでいうと、憲法改正という問題があります。これは改正でも護憲でも、僕はほとんどどちらでもいいのではないかと思っているところもあるのですが、これ実は、結構重要なインシデントであることは間違いないわけです。たとえば憲法を変えるか変えないかという問題は関係ない国民は、定義上いないわけですから」と。そうして彼は、メディアの情報発信の予想される「壮大な空中戦」の可能性に言及しながらこう言うのだ。「そうすると、われわれは憲法がなぜ変わるのか、とか、どのように変わるのかということを理解しないままに、なんとなく憲法が変わっていくということが、十分現実的に起こりうるのではないか。そう思うと、少し気持ち悪いなと思ったりすることがあります。[54]」

「改正でも護憲でも、僕はほとんどどちらでもいいのではないか」という箇所と、「憲法を変えるか変えないかという問題は関係ない国民は、定義上いないわけですから」という箇所との距離をどう理解すべきなのだろうか。「結構重要なインシデントであることは間違いない」のであり、「理解しないままに、なんとなく憲法が変わっていくということが、十分現実的に起こりうるのではないか。そう思うと、少し気持ち悪いなと思ったりする」というのであるから、そこにある「気持ち悪さ」こそが、何であるのか、それを探るのがメディア研究にも共有されるべき課題ではないのか。

そしてメディアが果たす役割は、予想以上に大きい。だが「公共放送」をも含め、政府サイドはいかようにでもそのコントロールが可能だということが、われわれの経験値からも了解される今、その前途の恐ろしさが想像される。「社会的共通資本」（宇沢弘文）としてのメディア、特にあるべき「公共放送」の必要を説く堤未果の指摘は、そのまま公教育の現状にも当てはまる。堤は、「公共」という概念そのものが、グローバル資本主義と「自由化」の波の中で世界的に消滅しかかっていると指摘する。[55]

こうした点を踏まえて、改めて憲法改正の是非を問うとき、公正中立はどんな意味を持つのだろうか。公共メディアと公教育が果たす役割はキーポイントになる。本章では正面から取り上げなかった「政治的教養」と「政治教育」との関係が問われねばならない。政策的「主権者教育」の特徴は、本章前半で紹介し分析したとおりである。国民投票の仕組みもディベートも結構だが、憲法の理解こそ肝心ではないのか。加えて「時事問題」の正しい理解とは、たんなる「公正・中立」な理解ではないのであり、[56]社会科教育の中から時事問題学習を外してきたというわが国の公教育の歴史を批判的に顧みる必要があろう。これに関連して、新たに始まる高等学校における科目「公共」の問題がある。学習指導要領にみるその構想は、「主権者として社会の中で自立し、他者と連携・協働しながら、社会を生き抜く力や地域の課題解決を社会の構成員の一人として主体的に担うことができる力を身に付けさせる」というわけだが、そこには自己が空間的に同心円的な広がりにおいて位置づけられるのみで、時間と歴史の系での把握と自己の成長の観点が消されている。[57] ひとことで言って、そこには自己の歴史意識と歴史的思考力が育つ余地はない。主権者意識の醸成には歴史的認識の問題が不可欠であろうと思われるが、政策的「主権者教育」論には、すっぽりと歴史的思考の観点が抜けている。「主権者教育の目的を、単に政治の仕組みについて必要な知識を修得させるにとどまらず…」とするのはもちろんだが、いきなりそのあとは社会の構成員としての生きる力と態度という方向へと飛躍する。歴史的社会の構成員、すなわち歴史的主体としての想像力こそが主権者教育には必要なのではないのか。

そういうことを考えながら、「憲法改正論争事態」に臨む教育実践の質と内容が、学校現場では問われることになる、と、そうした課題の重さに意識が及ぶのである。[58] そこでの教育実践構想に学ぶことを通じて、公教育の歴史的な捉え直しを含みながら、憲法に基づく主権者教育論の構築をさらに探求する作業が求められていると思う。今後の課題としたい。

## 注

［1］管見の限りでは、憲法学者の永井憲一が「主権者教育権」を提唱しているのが唯一であろうか。永井『主権者教育権の理論』、三省堂、一九九一年。及び『憲法と教育法の研究――主権者教育権の提唱』、勁草書房、二〇一四年。しかし、一つの明確な画期をなすのは、二〇一一（平成二三）年の総務省「常時啓発事業のあり方等研究会」（座長・佐々木毅元東大総長）の最終報告書「社会に参加し、自ら考え、自ら判断する主権者を目指して――新たなステージ『主権者教育』へ」であろう。この流れで二〇一七年には、一般社団法人「主権者教育推進機構」が発足し、研究会やシンポジウムが開催されている。当機構「主権者教育学術会議委員会」主催、キックオフ・シンポジウム「主権者意識と民主政治～私たちの未来社会を私たちが選ぶ社会へ～」を参照。

［2］新藤宗幸『「主権者教育」を問う』、岩波ブックレット（No．953、二〇一六年）は、「この教育で〈主権者〉は本当に育つのか？」との批判的問いの中で「選挙権年齢が一八歳に引き下げられるのを機に教育現場で進行している事態を考える」としている。政治的教養を一方で掲げながら、「教育における政治的中立」の「暴走」が学校教育では支配的となる政策的主権者教育論を著者は批判している。

［3］例えば、『日本の科学者』、日本科学者会議編（二〇一九年）は、特集：「一八歳選挙権と「主権者教育」の諸問題」を組んで、その概念的検討にふれている。そこではほぼシチズンシップ教育と同義に捉えつつ、他方で狭義の意味として、「各種の選挙や国民投票等に集約される政治参加を前提とした教育」と述べ、「政府サイドの主権者教育の内容が憲法原理を軽視している」と批判している。清田雄治「「主権者教育」の現状と課題――「人民（people）主権」論の視点から」、32頁及び36頁。

［4］宍戸常寿「法教育から考える主権者教育――主権者教育のあり方を探って」（第一学習社『高等学校 改訂版 現代社会』、『高等学校 改訂版 新現代社会』教科書、著者。）http:www.daiichi-g.co.jp/komin/info/siryo

［5］日本という国家は、「日本国民」には与えられる参政権を外国人市民に与えない「国民国家」である。「日本国籍を持たない者は、この国を構成する「一人」の「主権者」ではないのだろうか」と、在日コリアン教師は問題を

提起する。現在も彼らは、わが国の国政のみならず、地方自治体においても参政権が認められていない。一方、韓国では二〇〇五年に永住外国人に選挙権を付与する法律を制定している。この点については、金一恵「「主権者」とは——在日コリアンの生徒と考える参政権」、歴史教育者協議会『歴史地理教育』No．895、二〇一九年六月号、23頁。

［6］鈴木剛『ペダゴジーの探究——教育の思想を鍛える十四章』、響文社、二〇二一年、9～10頁。

［7］奥野恒久「国民投票と熟議民主主義」、『日本の科学者』、二〇一九年、特集：一八歳選挙権と「主権者教育」の諸問題、13頁。

［8］同上。

［9］同上。

［10］第一章「有権者のなること」では、「選挙権年齢の引き下げの意義」について触れられ、「少子高齢化の進む日本に生きていく世代であること」、及び「世界的にみると、一八歳までに選挙権が認められている国は全体の約九二%であり、今回の引き下げは世界の流れにも沿ったものといえます。」との記述が見られる。

［11］英国労働党トニー・ブレア政権の下、政治学者バーナード・クリック（Bernard Crick）を座長とする「シチズンシップ諮問委員会（Citizenship Advisory Group）」が設置され、一九九八年最終報告書「学校でのシチズンシップ教育と民主主義の教育」が公表された。その中で、シチズンシップ教育の必修化が提言された。国立国会図書館「主権者教育をめぐる状況」調査と情報、第八八九号、二〇一六年、6頁を参照。

［12］小玉重夫『教育政治学を拓く——一八歳選挙権の時代を見すえて』、勁草書房、二〇一六年、177～178頁。

なお、総務省「常時啓発事業のあり方等研究会」最終報告書（平成二三年一二月）は、「新たなステージ「主権者教育」へ」を謳い、「新しい主権者像のキーワード」に「社会参加」と「政治的リテラシー（政治的判断力や批判力）を挙げている。そして、改正教育基本法のいう「公共の精神」育成の下での「新しい公共」の担い手としての主権者を期待する。一九九〇年代以降の欧米でのシチズンシップ教育の動向を捉え、それへの依拠によって「主権者教育」が定義されている。曰く、「それ（シチズンシップ教育を指す——鈴木注）は、社会の構成員としての市民が備えるべき市民性を育成するために行われる教育であり、集団への所属意識、権利の享受や責任・義務の履行、公的な事柄への関心や関与などを開発し、社会参加に必要な知識、技能、価値観を習得させる教育である。その中心をなすのは、市民と政治との関わりであり、本研究会は、それを「主権者教育」と呼ぶことにする。」（7頁）。

［13］総務省、同最終報告、3頁を参照。

［14］奥野は「熟議民主主義」の必要性を主張している。この deliberative democracy 概念の「合意形成」志向を批判し、むしろ「価値の複数性に伴う抗争性を公的領域に位置づける」という志向性をもつ「闘技民主主義 agonistic democracy」を対置する議論もあるが、本稿では検討の対象としない。この点については前掲の奥野論文（注［7］）及び小玉、前掲書（注［12］）172頁を参照。

［15］佐貫浩「「憲法改正論争事態」と公教育の責務——主権者教育の基本構造にたちかえって」、『日本の科学者』、19頁。及び、佐貫浩監修・教育科学研究会編『一八歳選挙時代の主権者教育を創る——憲法を自分の力に』、新日本出版社、二〇一六年、第一三章「憲法的正義の継承と立憲主義の学習を土台に——「憲法改正論争事態」と教育の責任」を参照されたい。

［16］芦辺信喜『憲法　第六版』、岩波書店、二〇一五年、7頁。

［17］樋口陽一『抑止力としての憲法——再び立憲主義について』、岩波書店、二〇一七年、34頁。

［18］百地章、月刊『正論』、二〇一三年八月号。http://seiron-sankei.com/2284

［19］樋口、前掲書、『抑止力としての憲法——再び立憲主義について』、34頁。

［20］同書、55頁。

［21］樋口陽一『近代国民国家の憲法構造』、東京大学出版会、二〇〇六年（初版は一九九四年）、101頁。なお、強調点は樋口による。

［22］なお、この点はフランス社会、国家に特有なライシテ原則の評価にかかわる大きなテーマである。そこには、「国家からの自由」と「国家干渉を通しての自由」という二つの自由の問題、国家と個人の関係、および主権と人権の関係をめぐる重要な論点が存在するが、とりあえずは樋口が紹介する、ドゥブレの論説の掲載誌『ヌーヴェル・オプセルヴァトゥール』編集部の論説を以下に引用して補足しておく。

「républicainなのかdémocrateなのか。いいかえれば、républiqueをdémocratieの独自の―よりすぐれた―形態だとしてきたフランスの特殊性を信ずるのか、それとも、まさしく『フランス的例外の終わり』を通して、またアングロサクソン諸国でのdémocratieの進展にフランスを合わせることによって、進歩があると考えるのか。法の保障者としての国家（l' Etat grant du droit）なのか、それとも国家なき法（droit sans l' Etat）なのか。これら二つのモデルが政治生活に現に存在し、二つの態度、二つの政治文化の基礎となっている」。樋口、同書、107頁を参照。なお、レジス・ドゥブレ、樋口陽一、三浦信孝、水林章、水林彪『思想としての〈共和国〉――日本のデモクラシーのために』〔増補新版〕、二〇一六年、みすず書房を参照。

［23］同上、7頁。

［24］憲法学者・宮沢俊義の言。一九五七年の論文「憲法の正当性ということ」のなかで、日本国憲法を擬人化して表現したもの。樋口陽一・小林節『「憲法改正」の真実』、集英社新書、二〇一六年、214頁を参照。

［25］「法の支配」といわれる政治権力ないし国家権力を制限する思想・枠組み（広義）と近代立憲主義として規定される思想・枠組み（狭義）に区別されるのが一般的であろう。なお、長谷部恭男『憲法とは何か』、岩波新書、二〇一九年（初版は二〇〇六年）によれば、後者はとくに「私的・社会的領域と公的・政治的領域との区分を前提として、個人の自由と公共的な政治の審議と決定とを両立させようとする考え方と密接に結びつく。二つの領

域の区分は、古代や中世のヨーロッパでは知られていなかったものである。」（69頁）と説明されている。

さらに（近代）立憲主義の成立背景についてみれば、以下のような説明が注目される。

「異なる価値観・世界観は、宗教が典型的にそうであるように、互いに比較不能である。」「こうした比較不能な価値観の対立による紛争は、二一世紀初頭の今も、いまだに世界各地で発生している。」「しかし、人間らしい生活を送るためには、各自が大切だと思う価値観・世界観の相違にもかかわらず、それでもお互いの存在を認め合い、社会生活の便宜とコストを公平に分かち合う、そうした枠組みが必要である。立憲主義は、そうした社会生活の枠組みとして、近代のヨーロッパに生まれた。」「このように、立憲主義は、多様な考え方を抱く人々の公平な共存をはかるために、生活領域を公と私の二つに区分しようとする。これは、人々に無理を強いる枠組みである。」（9～10頁）。「立憲主義は、人間の本性に反してでも選びとるべきものとして、それぞれの国に採用されてきたものである。」（36頁）

［26］辻村みよ子『比較のなかの改憲論——日本国憲法の位置』、岩波新書、二〇一四年、116頁。

［27］樋口陽一『憲法 近代知の復権へ』、平凡社ライブラリー、二〇一三年、106～108頁。

［28］同書、130頁。なお、憲法学者としての樋口の自己認識として、「立憲主義とは何か」という問いと「憲法九条」との間には、加藤周一による「民主主義」の定義が介在している。「敗戦後、融通無碍に流用されるようになった『民主主義』というコトバに、加藤は——まことに適切に——『個人の尊厳と平等の原則の上に考えられる社会制度』という定義を与えた」。なお、「雑種文化」とは、日本近代にとっての「外来」の要素と、「内在」する要素との軋みあいの中での加藤の手さぐりの問題提起であった、と評している。樋口陽一『加藤周一と丸山眞男——日本近代の〈知〉と〈個人〉』、平凡社、二〇一四年、5頁。

［29］丸山眞男「憲法第九条における若干の考察」、『後衛の位置から——「現代政治の思想と行動」追補』、一九八二年に所収。『世界』、岩波書店、一九六五年六月号に掲載されている。なお、もとになった報告は一九六四年、「憲

法問題研究会」例会でのもの。丸山によればこの研究会は、「大内兵衛・我妻栄・宮沢俊義の諸先生が中心となって、当時の政府によって法制に基き設置された「憲法調査会」に学問的に対抗する狙いで一九五八年結成された民間団体である。」、丸山、同書、69頁、参照。

〔30〕その際、その「歴史的継続」の様態を考える場合、戦前・戦後の関係構造を「敗戦」と「対米従属」、さらには「国体」という言葉と概念の枠組みにおいて考察する論考も存在する。そこでは、憲法九条とともに象徴天皇制というテーマがセットとして論じられ、「敗戦の否認」と「対米無限従属」という論点に及ぶことだろう。今それをここで論じる余裕はないが、以下の論考を参照。白井聡『永続敗戦論——戦後日本の核心』、講談社+α文庫、二〇一六年（原書は、二〇一三年、太田出版）、及び『国体論——菊と星条旗』、集英社新書、二〇一八年。

〔31〕樋口陽一・小林節、前掲書、二〇一六年、71頁。注〔24〕を参照。その「驚愕」のレベルは、政権政党の中心において、改憲の旗を振る政治家たちの世代的特徴にも及ぶ。自民党の憲法調査会メンバーの多くは、第三世代、第四世代世襲議員に当たる「改憲マニア」だという指摘である。

〔32〕前掲書『思想としての〈共和国〉——日本のデモクラシーのために』〔増補新版〕、二〇一六年、みすず書房、5頁。

〔33〕同上。なお、引用文中の強調は水林による。

〔34〕丸山、前掲書、50頁。

〔35〕同書、51頁。

〔36〕堀尾輝久「憲法九条と幣原喜重郎——憲法調査会会長 高柳賢三・マッカーサー元帥の往復書簡を中心に」、『世界』、岩波書店、二〇一六年五月号、１０５頁。

〔37〕樋口『憲法　近代知の復権へ』、１３２頁。

〔38〕同上。

〔39〕樋口『加藤周一と丸山眞男——日本近代の〈知〉と〈個人〉』、97頁。

［40］戦後五〇年の時点で、加藤典洋が『敗戦後論』（一九九五年、筑摩書房刊）において提起した問題も、この「選び直し論」に相当する。平和憲法の起源がアメリカによる押し付けであるという「ねじれ」の超克として、それは主張されていた。この点につき、白井聡『永続敗戦論――戦後日本の核心』、70頁を参照。なお、近年の新自由主義的改憲論としての「選び直し論」については、辻村みよ子、前掲書、108頁を参照。

［41］樋口『憲法　近代知の復権へ』、63頁。

［42］樋口『抑止力としての憲法――再び立憲主義について』、158頁。

［43］辻村みよ子、前掲書、86頁。

［44］同、98頁。

［45］五十嵐顕・伊ケ崎暁生編著『戦後教育の歴史』（一九七四年、初版一九七〇年）、青木書店、10頁。

［46］「占領下では、憲法制定権力の実質はGHQにあったが、その形式的権限は天皇に委ねられていた。」（白井聡『国体論――菊と星条旗』（前掲、163頁）。もちろん、日本人による憲法草案として、憲法学者の鈴木安蔵によって起草された憲法研究会案（四五年一二月発表）、及び高野岩三郎による私案「改正憲法私案要綱」（同年一二月発表）が、総司令部GHQによって参照されていることが明らかになっている。なお、特に前者については、国民主権と象徴天皇制との「妥協点」の「発見」において、マッカーサー草案にも影響を与えている点で注目される。

辻村（前掲書）『比較のなかの改憲論』は次のように指摘する。「…この草案は、「日本国ノ統治権ハ」日本国民ヨリ発ス」として国民主権の立場を明らかにし、「天皇ハ国民ノ委任ニヨリ専ラ国家的儀式ヲ司ル」として妥協的に天皇制を存続させていた点で、総司令部案に類似していた」（97頁）。なお、後者の高野私案は、「元首ハ国民ノ選挙スル大統領制トスル」としていた（同頁を参照）。

［47］五十嵐顕『国家と教育』、明治図書、一九七三年、176頁。

〔48〕同、179頁。
〔49〕同、177頁。
〔50〕安積力也『教育の力――『教育基本法』改正下で、なおも貫きうるもの』、岩波ブックレットNo.715、24頁。なお、安積はもう一つの削除されたキーワードとして、旧教育基本法第一〇条のなかの「国民全体に対し直接に責任を負って」の文言を挙げる。その削除の意味は、「…再び、〝教育の独立性〟よりも、国による公教育への介入を主張しうる教育基本法が、成立したのです。」としている。26頁。安積のいう通り、これは改「正」教育基本法の最も重要な論点の一つであったことは言うまでもない。
〔51〕鈴木英一「教育基本法の歴史的意義」、『教育』（特集：教育基本法五〇年）、教育科学研究会編、一九九七年三月号、7頁。
〔52〕宮原誠一「教育基本法と日本の教師」、別冊『国民教育』（特集：教育基本法――制定三〇年と民主教育の課題）、国民教育研究所編、労働旬報社、一九七七年、9頁。
〔53〕鈴木英一「憲法・教育基本法制の歴史的意義」、川合章・室井力編『教育基本法・歴史と研究』、新日本出版社、一九九八年、27～29頁。なお、南原繁（教育刷新委員会副委員長・東京大学総長、委員長は安倍能成・前文部大臣）に指名された八名の第一特別委員会メンバーのなかには、河合道（東京恵泉女子専門学校長）がいる。
〔54〕一般社団法人・主権者教育推進機構：主権者教育学術会議委員会「キックオフ・シンポジウム：主権者意識と民主政治～私たちの未来社会を私たちが選ぶ社会へ～」（全文議事録）、二〇一七年、43頁。
〔55〕「社会的共通資本」としてのメディア、特に「公共放送」の必要を説く論考として以下のものを参照。同書は、「公共」という概念そのものが、グローバル資本主義と「自由化」の波の中で世界的に消滅しかかっていると指摘する。堤未果・中島岳志・大澤真幸・高橋源一郎『支配の構造～国家とメディア――世論はいかに操られるのか』、二〇一九年。

［56］小説家・文芸評論家の斎藤美奈子は、「あのね、政治を考えるのに「中立」はないの。メディアの役目は、「中立公平、不偏不党な報道ではなく「権力の監視」なんです。それ常識。」」「皮肉なことに学校は、最も政治とは遠いやり方で、政治（みたいなもの）を教えているのです」と喝破する。そのメディア・学校批判は的を射ている。では学校はどのように政治を教えるか、それがわれわれの「憲法改正論争事態」におけるスタンスの一つとなるであろう。『学校が教えない、ほんとうの政治の話』、ちくま・プリマー新書257、二〇一六年、206頁及び12頁。

［57］鈴木剛「「道徳教育の研究」から「道徳教育の理論と実践」へ」、『北星学園大学教職課程年報』第二号、二〇一九年三月、8頁。なお、その論拠に関しては、以下の論説から有益な示唆を得た。前田晶子「教育学における発達理論の再検討――教育政策における空間論の展開に抗して」、日本科学者会議編『日本の科学者』Vol.56、No.1、二〇一九年一月号。

［58］ここで改めて、「憲法改正論争事態」の意義を、佐貫浩の簡潔な定義から再確認しておこう。それは、「最も根源的な意味において、主権者が、どんな法規範を政府と権力に課すべきかをあらためて議論し再決定していく期間を意味する。だからこそ、権力はそのための国民的な知的な探究の自由（学問の自由）、学習の自由の過程に対して、干渉しないという意味での中立の規範を守らなければならない」。注［15］の佐貫、前掲論文、19頁を参照。

# 第 7 章

# 学力・コンピテンシー・普通教育

## —— 変化が加速する時代の公教育の課題

# はじめに

現在進行中のアメリカ公教育の解体過程には、新自由主義教育改革を支える「三本の楔」が作用していると指摘するのは、『崩壊するアメリカの公教育――日本への警告』の著者、鈴木大裕だが、「三本の楔」とはピーター・タウブマン（Peter Taubman、アメリカの教育学者／カリキュラム論）の表現になるもので、以下の内容を指すという。[1]第一に、全国学力標準テストの点数化の実施、第二に、教師の「指導力」評価が、学力テストの点数向上のためのテクニックや動作へと還元されたこと、そして、第三に、「何を教えるか」を定めたカリキュラム・スタンダードが、「何ができるようになるか」というパフォーマンス・スタンダードに変更されたこと、である。

レーガン政権下での報告書『危機に立つ国家（*A Nation at Risk*）』刊行（一九八三年）以降に顕著となる、アメリカにおける新自由主義政策は、「小さくかつ強大な政府」による教育の民営化と市場化を推し進めたが、今日のグローバル企業化する教育産業の支配の下で、「市場化と民営化が進むことで公教育の概念そのものの崩壊が起こっている[2]」と、鈴木は指摘し、日本でも「三本の楔」の三本目が打ち込まれようとしていると、公教育の危機的段階について警告している。今般の学習指導要領改訂では、「何ができるようになるか」「何を学ぶか」「どのように学ぶか」という三つのポイントの三角形の頂点に、「何ができるようになるか」が位置づけられているからだが、それはコンピテンシー・ベースの学力観への政策的シフトの進行と言い換えられよう。前世紀末から今世紀をまたぐ三十余年、先進国は公教育においてこの政策を推し進めてきた。基底にはOECDの教育への貢献と影響がある。従来の学力範疇を超えて、「新しい能力」の育成が公教育に積極的に要求され、その方向での政策的展開が極めて急テンポに進んできた。そこには、学校システムと産業システム、教育と労働との制度的な接続関係を規定している能力論・人材育成論の予定調和の崩壊、分業機能そのものの行き詰まりにより、大掛かりな改変を不可避とする二一世紀現代の経済社会状況が反映している。

加速的に変化が進行する社会・時代状況の中に私たちは生きている。資本主義経済の臨界点さえもが意識されつつ、人類社会が直面するグローバルな気候変動とも相まって、社会の急激な変化の中に置かれる私たちは、それを「変化が加速する」時代として、従来とは質的に異なる変化の速度を意識するのである。「『加速する変化』の時代」と表現する木村優は、二一世紀という時代の「産業社会」から「知識社会」への進展が「社会進歩の賜物」であると同時に、「不安の時代」でもあると指摘しつつ、しかしそれを進歩の方向へと導く「方法」が「教育」に託されるという。「教育」の意義をジョン・デューイ（「私の教育信条」一八九七年、「教育は、社会進歩と社会改革を進める上で基礎となる方法である。」）を引きつつ強調し、「教育の転換」こそが必要であると述べる。そしてそれは、社会において必然化した「能力観の再編」に呼応するものでなければならない、と。[3]

では、社会における能力観の変化は、実際に社会＝教育システムを介してどのような「教育の転換」をもたらす可能性があるのか。とりわけ、変化する公教育の方向と課題について考えたい。教育の公共性のゆくえを問いながら、以下では、学力、コンピテンシー、普通教育という三つの基本概念の検討を通して考察する。

## I　学力――その概念変容と学校機能の問い直し

### 一・「知識社会」の到来と学力観の変容

『加速する変化』をいち早く察知した先進諸国が、二〇世紀後半から二一世紀初頭にかけて新たな学力観・能力観を打ち出した。「キー・コンピテンシー」（ＯＥＣＤ・欧州）、「二一世紀型スキル」（米国）、「汎用的能力」（豪州）、そして日本では、「生きる力」（文部科学省）、「キャリア教育」（文部科学省）、「社会人基礎力」（経済産業省）である。先進国が求める学力・能力観には、呼称は様々だが、共通する問題意識は明らかだとして、木村は「加速する変化」に「対応する能力」とともに「加速する変化」を「生み出す能力」の二つの存在が重要だという。それを「柔軟性」と「独創性」と言い換えてもいるが、さらにそこにとどまってはならないとするのが木村の主張のポイントである。次のように述べている。

　ただし、柔軟性と独創性だけでは知識経済がもたらす「創造的破壊」を乗り越えることはできない。知識社会を乗り越えるためには、先進諸国の学力観・能力観の中でやや控えめに示されている倫理的行動、シティズンシップ、異文化理解という言葉に含意されている「地球市民としての自覚」が必須となる。[4]

　知識や情報が資本としての価値を高める「知識社会」には、社会における不安と不確実性とハイリスクを拡大するがゆえに、それを回避し乗り越える「主体的条件」と「関係的条件」（木村）が同時に求められる。彼はそれを「加速する変化」のなかでの「包摂する能力」として表現し、その代表的な事例に「地球市民としての自覚」を挙げた。その教育主体こそ、求められる今日の学校と教師であり、知識社会がもたらす「恩恵を最大化する」いわばミッションとして、「対位旋律奏者」としての教師の役割（ハーグリーブス『知識社会の学校と教師——不安定な時代における教育』、邦訳、二〇一五年、金子書房刊）というコンセプトを援用する。「教師が奏でる知識社会の恩恵とはすなわち、革新性や包摂性がもたらす新たな文化や技術や関係性の価値であり、そこで人々が抱く思いやりや共感などの情動の価値である」。[5]こうして、インクルーシブな能力、共感などの情動的価値、革新性など、いわば感情労働としての教職のミッションが、「知識社会」のなかでの再定義へと向う。新しいミッションを課せられた日本の教師は今、何に直面しているのだろうか。

## 二．「学力」から「育成すべき資質・能力」への変換

「学力の重要な三要素」という表現で学習指導要領改訂の方向が、文部科学省ＨＰで解説されている。「確かな学力」は、「豊かな人間性」、「健康・体力」と並んで、全体として「生きる力」への不可欠の構成部分をなす。「学力の重要な三要素」は、その三部分であるとみられる。この限り「生きる力」は従来の知育・徳育・体育の枠組みの継続といえるが、むしろ、二〇〇七年の学校教育法が「学力の三要素」に内実を与えるべく改訂された点が重要である。同法第三〇条二にその具体的表現が書き込まれた。「三要素」とは、①「基礎的な知識・技能」、②「思考力・判断力・表現力等の能力」、③「主体的に学習に取り組む態度」から成る。教育階梯に応じた諸学校の目的規定として、「義務教育として行われる普通教育」（中学校）、「義務教育として行われる普通教育のうち基礎的なもの」（小学校）、「高度な普通教育及び専門教育」（高等学校）の「教育課程」に、遍くこれら三つの要素からなる「確かな学力」の法規上の整備がなされたことになる。

しかし改訂学習指導要領では同時に、このいわゆる「学力の三要素」は、育成すべき「資質・能力の

三つの柱」と表現が換えられた。「学力」の明確な定義が不在のまま、「学力」は「資質・能力」に置き換えられている点は記憶にとどめてよい。溝上慎一は、明快に次のように言い切るのだが、どうなのだろうか。「資質・能力と聞けば、コンピテンシーやリテラシー、二一世紀型スキルなどの能力や技能・態度と呼ばれてきたものを思い浮かべるかもしれないが、文科省の資質・能力は、それだけでなく知識まで含めて『学力の（三要素）』として概念設定している。私なりの理解で言い換えれば、資質・能力を育てることは、イコール、『学力』を身に付けることである」[6]。

今般の改訂学習指導要領を準備する過程では、国立教育研究所の提案「二一世紀型能力」の影響は無視できない。二〇一四（平成二六）年四月二七日付「教育新聞」が報じたように、「育成すべき資質・能力を踏まえた教育目標・内容と評価の在り方に関する検討会」の「論点整理」（二〇一四年三月）が、国立教育研究所の提起する「二一世紀型能力」に沿って改訂学習指導要領のいわば「露払い」の役割を果たしたことは明らかだ。石井英真は、コンピテンシー・ベースの学力観の「光と影」の両面を捉えるとする観点から、学校カリキュラムに「育成すべき資質・能力」を明示すべき段階にあると述べつつ、同研究所の「二一世紀型能力」モデルに危惧を表明する。その理由に、能力概念における「階層レベル」と「要素レベル」との混同という論点を挙げている[7]。

図示される「生きる力」に向かう「二一世紀型能力」として単純に構造化＝階層化される可能性のある、能力の三つの成分（「基礎力」「思考力」「実践力」）は、実は三つの能力要素モデルに過ぎず、図示されるようにヒエラルキーを持つものではなく、むしろ、それら三要素の相互関連自体に意味がある。例えば、「思考力」についていえば、知識（基礎力）や社会的スキル（実践力）が深く関係しているとみなすべきだが、その論点がない。国研モデルではさらに、例えば「基礎力」に相当する知識・技能が、思考とは無関係に機械的に詰め込まれるかのような印象を与えるという。加えて石井は言う。

さらに、「実践力」に方向づけられた「思考力」を強調することに関しては、特定の社会や価値観にアクティブに主体的に関与していくような、既存の社会への批判の視点を欠いた適応的な学習を呼び込むことに注意が必要です。[8]

石井の「学力論」の仮説には、以下のような理論的な枠組み設定がある。教科内容の学び＝学習活動の深さ（学力・学習の質）は、第一に、「認知システム」「メタ認知システム」「行為システム」という構造のなかの「認知システム」に限定されているということ。そして、第二に、その「認知システム」のなかに「知っている・できる」（知識の獲得と定着）、「わかる」（知識の意味理解と洗練）、「使える」（知識の有意味な使用と創造）という三層を区別するということ。したがって、第三に、各教科の学びの深さ（学力・学習の質）は、さしあたりこれらの三層構造からなる「認知システム」に対応させられること。そして、そのレベルの活動を「教科する（do a subject）」〈授業〉として定義づけが与えられていることである。石井はこのレベルを授業が追求すべき教科指導の「真正の学習」としてみなし、狭義の「教科を学ぶ（learn about a subject）」授業から区別するのである。以上のように、「学力」概念のポジションが確定されている[9]。

別の観点からいえば、「社会からの『実力』要求を学校カリキュラム全体でどう受け止めるか」と述べるように、学校でできること、すべきことへの限定という視点に立って、従来の学力概念の範疇を拡げる（資質・能力論へ拡張）一方で、教科学習の主たる目標としての学力保障の内実（知識習得論への限定方向）を見極めようとしている。そこには、経済社会が要求するコンピテンシー・ベースの学力観を学校の限定されたミッションないし機能というフィルターによって、批判的に精査するという姿勢が窺われるのである。

## 三．「学力の三要素」と「主体性等の評価」――大学入試制度改革のなかで

小・中の義務教育及び高等学校の法的規定にいわゆる「学力の三要素」の表現、すなわち「基礎的な知識・技能」「思考力・判断力・表現力等の能力」「主体的に学習に取り組む態度」が書き込まれたことは、先にもふれた。さらにこの内容は、二〇一四年の「高大接続改革答申」にも引き継がれ、高等学校を超えて、大学・高等教育へと射程距離は延ばされている。それは高大接続と大学入試制度改革の中で直接経験されている。二〇二一年度入試からは、入試制度の多様化はさらに徹底され、大学共通試

験（従来のセンター試験）一期、二期のほか、一般選抜型、総合選抜型、学校推薦型という入試枠の種別化整備が図られた。いずれの形態の入試にせよ、「学力の三要素」（「基礎的な知識・技能」「思考力・判断力・表現力等の能力」「主体的に学習に取り組む態度」）を測ること、評価することが求められることとなった。こうしたなかで、「新テスト」は当面見送られたとはいえ、背景にある改定学習指導要領の大いなる難点が、大学側から指摘されている。[10] 英語の四技能も周知のごとく民間試験の活用を予定していたが、これも総合問題の実施とともに、当面見送られることとなった。

重要なことは、主体性評価にかかわる方法の構築が、受験業界のみならず高大連携のシステムのなかに予定され、それをめぐって教育産業が浸透する構図が早くから出来上がっていることである。周知のように、そうした中で教育産業の失態・悪行・癒着などの「負の効果」も生み出されている。入学前教育、初年次教育などの領域においても、民間教育企業の役割は無視できないほど、学校経営にとっては、その依存度が高まっている。いずれにせよ、コンピテンシー・ベースの学力観の浸透という事態は、大掛かりな教育民営化、あるいは公教育への教育産業の参入という形で、全ての教育階梯に及んでいるという新たな状況に私たちは直面している。

## 四．「学士力」の登場

高等教育改革に目を向けよう。中央教育審議会二〇〇八年答申「学士課程教育の構築に向けて」に登場した「学士力」という用語は、今や大学改革における「教育の質保証」の中枢的なコンセプトを担うものとなっている。授業シラバスには「何を教えるか」ではなく、「何ができるようになったか」を明記することが課せられた。「学士力」は、そのようなものの蓄積された学修（学習）成果として意識される。一コマの授業前後の予習・復習時間の確保は当然として、事前準備の指示、評価の方法とフィードバックの方法など、シラバスへの記載は経常的補助金獲得のためにクリアーすべき必要条件として細かく点数化されてきている。三ポリシーの明示、カリキュラム・マップ、授業科目のナンバリング、カリキュラム・ツリーの作成は大学教育課程の整備として進められてきたが、何よりも当該学科（学位）のディプロマ・ポリシーに照らして、学生が「何ができるようになったか」についての学修成果の「可視化」、その形成・評価指標の明示化とプロセスの「可視化」の方法（ルーブリック、ポートフォリオの活用など）が、クリアーされるべき課題となる段階に入っている。

だが高等教育には相対的に独自な論理が存在するがゆえに、その「学力」論は各学問領域の専門性にも依拠せざるをえない。日本学術会議の作成になる「分野別参照基準」に照らして、学士課程カリキュラムの構造的な説明開示が社会的要請になる。国家資格による準拠説明が、学問専門領域の全分野に及ぶはずもなく、授与される学位に相当する内実をどのように規定するかは容易な作業ではない。

確かに、先の二〇〇八年答申には「学士力」の概念的定義がクリアーに存在するわけでもなく、それは「各専攻分野を通じて培う『学士力』」として扱われる「参考指針」として示されたにすぎない。副題には「学士課程共通の『学習成果』に関する参考指針」と明記されているが、本質的な点は、指針として示された能力リストの内容構造そのものだといえる。それは、①知識・理解、②汎用的技能、③態度・志向性、④統合的な学習経験と創造的思考力、という「四つのカテゴリー」に分類された下で、「合計一三スキル・能力が掲げられている」というものだ。[11]「知識・理解」のカテゴリー自体をどう捉えるかという点が改めて課題として浮上するが、「汎用的技能」と「態度・志向性」へのシフト傾向には疑問の余地がない。「学士力」が、コンピテンシー・ベースの学力観の大学版であることは明らかだろう。「社会人基礎力」(厚生労働省、二〇〇六年)のコアになっている「汎用的能力」もまた、「ジェネリック・スキル(generic skills)」と呼ばれるパフォーマンス的な能力の一覧表と表現しうるほどだが、これが「学士力」にインパクトを与えていることは容易に想像される。「就活」と「〇〇力」という名で、大学に期待される企業・経営サイドの政策的意思が、いわば「国を挙げて」、大学政策を推進するかのような「錯覚」を覚えるのは、私だけではないだろう。「前に踏み出す力(アクション)」「考え抜く力(シンキング)」「チームで働く力(チームワーク)」とその具体的な能力の諸要素は、なんとはっきりと「学士力」の能力リストと重なりを示しているのだろう。

# Ⅱ　コンピテンシー――その浸透と対応の方向

## 1．「〈新しい能力〉概念を飼いならす」

「〈新しい能力〉概念を飼いならす」という表現を用いて、松下佳代はこの間に形成されたコンピテンシー・ベースの学力観の支配・浸透の克服・乗り越えについて語る。それは「今日、これほどまでに肥大化した〈新しい能力〉概念を教育学的に手なずけるため」の作業なのだ、と。[12] OECD（経済開発協力機構＝欧州諸国を主とする三七か国で構成）、欧州先進諸国に加え、その影響の下に発案されたわが国のものを含む〈新しい能力〉概念のリストを松下は作成し提示している。そこに示された〈新しい能力〉概念は、「初等・中等教育」「高等教育・職業教育」「労働政策」を貫いており、そのコンセプトの「垣根は低い」[13]。そもそも、日本が影響を受けている諸外国とわが国のコンセプト自体の「国境の壁もまた低い」とも指摘される。

提示された〈新しい能力〉概念の一覧には、「初等・中等教育」には「生きる力」（文科省、一九九六年）、「リテラシー」（OECD／PISA、国立教育政策研究所、二〇〇一年〜）、「人間力」（内閣府・経済財政諮問会議、二〇〇三年）、「キー・コンピテンシー」（OECD／DeSeCo、二〇〇六年）が、

「高等教育・職業教育」には「就職基礎力」（厚生労働省、二〇〇四年）、「社会人基礎力」（経済産業省、二〇〇六年）、「学士力」（文部科学省、二〇〇八年）が、そして「労働政策」には「インプロイヤビリティ（雇用されうる能力）」（日経連、一九九九年）が挙げられている。

松下によれば、能力リストには四つの内容が含まれている。①「基本的な認知能力（読み書き計算、基本的な知識・スキルなど）」②「高次の認知能力（問題解決、創造性、意思決定、学習の仕方の学習など）」③「対人関係能力（コミュニケーション、チームワーク、リーダーシップなど）」④「人格特性・態度（自尊心、責任感、忍耐力など）」である。さらにそれらには、共通する二つの特徴があるとされる。すなわち、「①認知的な能力から人格の深部にまでおよぶ人間の全体的な能力を含んでいること、②そうした能力を教育目標や教育評価として位置づけていること」である。

ところで、「ハイパー・メリトクラシー」の下での「ポスト近代型能力」への対抗を主張する、本田由紀（教育社会学）の問題意識[14]を共有しつつ、それを批判的に組み替えていこうとするのが松下の「〈新しい能力〉概念を飼いならす」とする立場である。「ハイパー・メリトクラシー」は、近代社会の「メリトクラシー（能力主義・業績主義）のもっていた手続き的な公正さという側面が切り捨てられ、よりあからさまな機能的要請（場面場面における実質的・機能的な有用性）が突出した、メリトクラシーの亜種ないし発展形態のこと」[15]として理解されている。

本田の作成になる「近代型能力」と「ポスト近代型能力」の特徴の比較対照表によると、前者から後者への「能力」の移行が、以下のように表される。

「基礎学力」→「生きる力」
標準性→多様性・新奇性
知識量、知的操作の速度→意欲・創造性
共通尺度で比較可能→個別性・個性
順応性→能動性
協調性、同質性→ネットワーク形成力、交渉力[16]

「ポスト近代型能力」の社会的支配構造としての「ハイパー・メリトクラシー」の下で競われる能力の実体は漠然としており、可視化し、確定することが難しい。その能力の評価は、企業や経営・雇用側の恣意性を特徴とする。それゆえ、雇用情勢によって、学生の側は「アドホックに変化する能力言説に振舞わされる[17]」ことになる。バブル経済からリーマンショックに至るまでの企業が求める人材像の変化(不確定さ)を、二〇〇九年のNHK「クローズアップ現代」は、次のように描いたと松下は紹介している。「学歴重視→人物重視→創造性・応用力→コミュニケーション能力→地頭力→即戦力」と。

こうした「能力」の不確定さゆえに、ハイパー・メリトクラシーは、二つの点で批判の対象とされる。①人格の深部の要素を評価しようと志向し、かつ、それを絶えず評価の対象にする傾向を持ち、労働力として動員・活用しようとする。②その能力は学校では形成されにくく、家庭の教育環境に依存するが故に、社会階層の再生産に奉仕することになる。こうして能力形成と能力評価において、公正さと公共性が失われる、と批判されるのだ。ハイパー・メリトクラシーが支配する能力観を批判し、これに抵抗する本田の志向を引き継いで、松下は「〈新しい能力〉概念を飼いならす」と表明するのである。

## 二．コンピテンシーの〈背景〉と〈系譜〉

〈新しい能力〉概念の〈背景〉及び〈系譜〉にかかわる松下による二つの論点を拾い上げ紹介しよう。

第一は、ニュー・パブリック・マネジメント（New Public Management、以下、ＮＰＭと略す）の存在とその影響である。一九九〇年代以降、先進諸国において広く採用された経営戦略理論であるＮＰＭは、「公的部門に民間企業の経営理論・手法を可能な限り導入しようという新しい公共経営理論」であり、その要点は、「目標管理型システムへの転換」あるいは「インプット管理からアウトプットまたはアウトカムの管理への転換」（大住荘四郎『パブリック・マネジメント――戦略行政への理論と実践』、二〇〇二年、日本評論社）であるという。「民営化と規制緩和」の公共部門への導入が、九〇年代以降、特に英国、ニュージーランドなどのアングロサクソン系諸国において進んだが、さらにその流れは世界的な広がりを見せた。

ＮＰＭが教育界にもたらした象徴的な中心概念が「学習成果（learning outcome）」である。今やこれは日常の教育活動の実践的概念にまでなっており、日本の大学を含む教育システムに急速に拡大してきたものだ。とりわけ高等教育における「学士力」は、このアウトカムとしての「学習（修）成果」とその「可視化」の課題と結びつき、教育行政による補助金の誘導策を介して浸透してきたタームである。この〈新しい能力〉概念がかくも急速に普及した一因として、松下はこの「学習成果（learning outcome）」を導いたＮＰＭの影響を挙げている。

第二に、〈系譜〉に属する〈新しい能力〉概念のルーツとしてのコンピテンシー論の起源・端緒に関する内容である。二一世紀を目前にした一九九〇年代の新自由主義の展開と呼応する経営戦略が、新たな能力論・コンピテンシー論の〈波〉だとすると、それに先立つ〈波〉は一九六〇年代のアメリカにおける能力論の動向であり、わが国においては高度経済成長期に合致するものだ。松下は、その「コンピテンシー概念のルーツ」として、アメリカの心理学者、マクレランド（McClelland, David）の一九七三年の論文 *Teaching for competence rather than for "intelligence"* を挙げる。[18] 知識内容を問う既存のテストや知能テスト、その結果としての学校成績評価、資格証明書では、もはや職務上の業績や能力を予測できないとして、職務遂行上の業績・能力（パフォーマンス）を予測可能なものとする「変数としてのコンピテンス（competence）」を提案、この根拠提示を行ったのが、この論文の趣旨であるという。得点と職務上の成功との〈相関の低さ〉という点が背景の問題意識としてあり、それへの解決策として

「コンピテンス」のためのテストが開発される。アメリカ国務省の外交官の選考方法に適用されたケースとして、これが紹介されている。そのテストの開発者が、心理学者かつ人材マネジメント会社の創設者でもあるマクレランドであり、この開発テストが企業の人材管理へと普及していったという。

このようなコンピテンシー・ルーツが、その後の企業管理へと拡大され、遂行能力＝パフォーマンス（能力の汎用性）へと拡張される「個人の基底的特徴」ないし「人格特性」と結びつく評価の測定が普及した。一九九〇年代にこの流れは、社会経済状況の新自由主義的展開という新たな局面において徹底されることになるというのである。

## 三、ＰＩＳＡリテラシーとＤｅＳｅＣｏキー・コンピテンシーの関連
### ――「学力低下」の論拠をめぐって

コンピテンシー・ベースの学力観への転換に一層拍車をかけたもの、それがＰＩＳＡリテラシーに起因する学力低下論であった。二〇〇〇年から始まる（三年のインターバルで実施）ＯＥＣＤによる通称ＰＩＳＡ「国際学習到達度調査」（Programme for International Student Assessment）は、その結果の発表の度に、先進諸国政府を一喜一憂させた。国別順位付けが国民の学力水準の絶対指標であるかのような認識に人々は導かれ、日本においても「学力低下」の危機意識が醸成されていった。「読解リテラ

シー」「数学的リテラシー」「科学的リテラシー」が調査分野として設定されたが、とりわけわが国では「ＰＩＳＡ型読解力」という言葉が広く使われ、その国際順位の低下傾向が話題に上った。いたずらに「活用力」「応用力」「批判的読解力」などの言葉が独り歩きし、測られた学力の要素がどのような能力論の枠組み設定に基づくのか、その検証が不十分なままに、正確な意味が不問のままにわが国では「ＰＩＳＡショック」なる現象が生じた。

松下の指摘は以下の点だ。「ＰＩＳＡ型学力」としての「読解リテラシー」「数学的リテラシー」「科学的リテラシー」は、ＤｅＳｅＣｏキー・コンピテンシーの部分的な適用によるテストの試みでしかない。もともとＤｅＳｅＣｏのキー・コンピテンシーは、「三次元的座標のような付置」（対象世界との関係・他者との関係・自分自身との関係）と同時に、そこでの「認知的要素」と「非認知的要素」（情意的・社会的要素）との区別を組み込みつつ理論設定されているものなのである。そして、キー・コンピテンシーの中身は、三つのカテゴリー、すなわち、①道具（言語・シンボル・テクスト・知識・情報）を相互作用的に用いる、②異質な人々からなる集団で相互にかかわりあう、③自律的に行動する、から構成される。

これに対しＰＩＳＡリテラシーは、このうち、①「道具を相互作用的に用いる」という能力の一部を測定可能なように加工・具体化されたものにすぎない。日本でのＰＩＳＡ型学力・読解力・活用力の理解は、①以外の必須な二つのキー・コンピテンシーを除外した枠組みでのみ捉えられている、というのである。つまり、PISA型国際学力テストには、「能力論としての体系性」が無視されている。こうした意味でPISA型リテラシーの日本への移入のあり方は、本来持っているDeSeCoの考え方からの逸脱を含む問題点の多いものだ、と批判されている。

松下は再三、DeSeCoキー・コンピテンシー本来の持つメリット（可能性）を支持し、それが〈新しい能力〉論の陥穽を回避する足場になる可能性を示唆している。何よりも、それが「コンピテンシー・マネジメント論から最も遠い位置にある」として、DeSeCoの統合的・文脈的アプローチが他の一連の〈新しい能力〉論の傾向とは一線を画すものと見なすのである。

DeSeCoのアプローチは、「能力リストの一つひとつを直接、教育・評価の対象としては措定しないことによって、人間の『深く柔らかな部分』を直接、調査の対象とすることが回避されている」[19]。より明示的にいえば、単なる労働力としての動員・活用ではなく「経済的・社会的・文化的な側面から自分の人生と社会の両方を豊かにしていくために、どの子どもも学校教育を通じて身に付けるべき力としてとらえられている」[20]と、その可能性を評価するのである。

この前提に立って、松下は「〈新しい能力〉概念を教育学的に手なずける」（飼いならす）ために、三つのポイントを課題として示す。①その機能主義アプローチが「空虚な価値中立性に陥らないようにすること」、②「誰のための能力か」を問うこと、③能力概念の「深さ」を「知識との関連性」において究明することである。これらの観点からも、現在のわが国における学力・能力論におけるコンピテンシー・ベースの政策傾向が批判の対象となる。

## 四　知識教育と社会階層格差

コンピテンシー・ベースの学力観の支配的傾向とは、どういう事態をさすのか。それは「学力」概念の「〈新しい〉能力」への〈吸収〉と〈埋没〉である。その傾向は、全教育階梯を包み込み、小学校から大学までの学力観を変えつつある。義務教育・後期中等教育において、「学力の形成」は「資質・能力の育成」に置き換わり、大学・高等教育において「学位」は「学士力」へとドライブし、「教育の質保証」へと急転した。「学士力」は法的な用語ではないが、その政策的な意味は既述したとおりだ。松下が指摘するように、「学士力」は「〈新しい能力〉概念の中で最も遅く出されたものであるにもかかわらず、その理論的基礎は最も見えにくい」。そして、その「理論的基礎づけの弱さの一方で、各大学のディプロマ・ポリシー（卒業認定・学位授与に関する基本的な方針）と結びつくことによって強い規範性を与えられている[21]」という側面もある。「強い規範性」は、その単位取得主義と学位授与とによって一応担保されているからだ。

しかしいま、すべての教育段階を貫いて進行していることは、「学修（学習）成果（learning outcome）」、すなわち「何ができるようになったか」というアウトプットの可視化とその評価である。

確かにそれを、〈教育する側〉から〈学習する者の側〉への視点の変換、「学習者本位」のシステムへの返還（変換）とも言えるが[22]、問題はそう単純ではない。アクティブ・ラーニングの「主体的で対話的な深い学び」という解釈への揺れながらの「着地」も、そうした点と深い論点を共有している。問題が単純でないのは、本章の冒頭に紹介した「三本の楔」の構造のなかの「一本」として、それがあることだ。つまり、〈競争〉〈管理〉〈アウトプット〉の三位一体の中にそれはあり、「結果責任（アカウンタビリティー）」の名において仕上げられる構造的支配の一環であるからに他ならない[23]。この点は、経済グローバリズムと新自由主義政策の下での公教育の解体プロセスと符合している。

焦点化されるべきは、〈新しい能力〉概念の教育学的な「飼いならし」（松下佳代）の方向をめぐる論点であり、そこにはコンピテンシーと知識との関連性の問い直しという課題が再浮上することだろう。それは松下の挙げた三つの課題の一つ、〈学力における知識の位置づけ〉の問題として焦点化できる。そこには、この論点と直接関連する「知識教育」の捉え直しの側面があり、学校学力の今日的な「再」規定という課題に連なるものである[24]。言い換えれば、その課題は、公教育の解体の動きに抗する「教育の公共性」の「奪還」の方略にも及び、コロナ禍を経験した後の未来に向けて展望しうる、学校の役割・機能の再構築という課題の一端に及ぶ。公教育の解体傾向が、社会の経済格差と教育格差の一層の拡大をもたらすという視点からすれば、コンピテンシー・ベースの学力政策下の公教育が生み出す社会の階層格差、学校の差別的機能の問題を浮上させることになる。

この点に関連して、伝統的に「知識教育（instruction）」を学校教育の中核に置くフランスでは、特にコンピテンシー概念への警戒心は強い。学校学力がコンピテンシーへとシフトすることは、家庭学習が可能な生徒層にのみ有利に働く差別性を助長し、学校がさらにこうした不平等を生み出す構造を隠蔽する結果を導く、というのが主要な論点だと思われる。このような論点に関して、フランス教育学会のファイバー研究フォーラムでのフランスの社会学者の報告をメモ的に紹介しよう[25]。

五点をメモしておこう。①学校におけるコンピテンシー重視の教育実践（そのテスト?·と評価）は、経済格差による社会階層を反映した教室での（生徒間の）成績格差を広げる。学校が、不平等を再生産する。言い換えれば、公教育が社会階層の格差拡大の機能を担うものとなる。②そもそも静止的・安定的なコンピテンシーなど在りはしない。したがって、ＰＩＳＡのような試みは、本来測れないものを測ろうとする愚行である。そのデータに振り回される状況は遺憾である。③学校は知識の教授をすることで生徒に対し平等主義を実現する。これが公教育の責務のはずだ。知識の教育が据えられない学校（教育政策）では、教育は学習の「個別化」に解消する。④コンピテンシー概念の学術的な定義など存在していないのであり、あくまで政策的（政治的）・社会（学）的な分析対象でしかない。⑤にもかかわらず（それゆえに）コンピテンシー・ベースの教育は、学業成績の結果の責任をすべて個々の生徒に向け、そして教師の権限を弱め、教師は管理の対象に貶められる。

ここで、学習の「個別化」批判について付言しておく。「社会構成主義」への批判が理論的背景としである。言ってみれば、子どもは「自己学習者」であるとの一面的強調、あるいは、生徒は自分の頭で（知識の）意味を「構成する」とみなす、「信仰のような」理論が流布している、との批判である。

ところで、フランスでは一九五〇年代以降、産業界の要請に応じて職業教育にコンピテンシー的な概念は取り入れられていたし、経済グローバル化に伴い、一九八〇年代後半からは、コンピテンシー概念が「共通教養（culture commune）」に関する政策展開の中で位置づけを与えられ、その後、「知識とコンピテンシーの共通基礎（socle commun de connaissances et de compétences）」なる概念が登場する。フランスでも、義務教育段階の教育改革の試みとして、コンピテンシーが政策的に導入されたという歴史的経緯が存在するのである。

## 五．知識・情報・教養

同じような事情は、ドイツでも共通である。ドイツとオーストリアの事情を報告する論文[26]も、PISA国際テストの結果を受けての両国内の反響を紹介している。そもそも全国共通テストの土壌もなく、教育成果は各学校の教師の授業に委ねられているという制度的かつ慣習的背景からすれば、PISAのような共通テストの政策的導入のインパクトはことさら大きい。両国の「アビトゥーア」という大学入学資格試験制度は、全国テストで行われる制度ではないからだ。

そこで強調されることになるのは、「知識は情報に還元できない何か」であるといった、ドイツ的な「教養（Bildung）」概念からのPISA批判であろう。大学人＝人文主義のサイドから、哲学者のコンラート・パウル・リースマンは、その「格付け」と「ランキング」の持つ「規範的暴力性」を指摘する。「若者の学力低下よりも憂慮すべきは、PISAでのこうしたテストに隠された規範的要請のほうである」。「したがって学校はどのように隠されていようが、どういう環境にあろうが、OECDのイデオロギーのひそかな教育方針のための訓練所となる」。「格づけの本来の機能とは、その規範的暴力であると言うことができるかもしれない。ランキングは非常に原始的だが、きわめて有効な誘導・制御装置として機能し、教育領域に人文主義的理想の遺物としてごくわずかに残っている最後の自由をも奪い取ることになる[27]」。

このような指摘を俟つまでもなく、大学・高等教育もまた同様に、格付けとランキングにさらされているのは周知のことだ。そして、知識とは何か、情報との対比でリースマンは「知識社会の到来」を前にして喝破する。「知識社会は何を知っているか」とする「挑発的なタイトルの論文（＝同書のチャプター名ともなっている）」のなかで、次のようにこの哲学者は述べる。

知識は情報以上のものである。知識は大量のデータから情報として価値あるものを抽出するのを可能にするだけでなく、そもそも知識とは世界洞察の一つの形式、認識、理解、把握である。行動にとって重要なパースペクティヴに意味を置く情報とは対照的に、知識は一義的に目的指向的なものではない。知識は多くを許容し、その知識が不要かどうかはその産出あるいは採用の瞬間に決まるものではない。行動的パースペクティヴに関するデータの解釈を提示する情報とは対照的に、知識はデータの因果的連関と内的一貫性に関する解釈を与える。[28]

このような知識と知識教育の意義を強調する点は、ドイツとは異なる教養観のフランスでも同様であった。ＰＩＳＡ型学力が「知識が利用可能な情報に単純化されてしまっている」と批判し、学校がコンピテンシー・ベースの学力観に支配されていることへの批判には、共通したトーンが存在する。「評価可能」という論理が、「文脈に依存しない」コンピテンシーという捉え方を促し、ＰＩＳＡのような標準化されたテストが世界的に通用しうるとの前提を作り出す。このことがまず、誤りだと裁断されるだろう。すべての錯誤はここから来ているとして、その道から引き返すことが主張されている。

## Ⅲ――普通教育――その理念と教育の公共性を考える視点

### 一・子どもの学力保障と普通教育――「世代の平等」としての共通教育

コンピテンシー・ベースの学力観を批判するフランスの知識教育の再主張にも、ドイツの教養主義・人文主義の伝統からする知識教育の強調にも、共通しているのは「思考のプロセス」を含む知識の教育の重要性であり、言い換えれば、人間の「考える」行為を脱文脈的にではなく保障しようとする点である。いわば「本来の意味での知識教育」を新たな時代状況の下での「知」の獲得として、「復権」させる主張だといってよい。それは、学校という場での「知」の獲得の社会的格差を最小限にするという志向性において、「教育の平等性」をも意味している。そして公教育においては、「知」の享受者である子どもたちにとっての「共通教育」を受ける権利を意味する。

その場合、重要なのは、先述した石井英真の「学力」の仮説的枠組みに即して考えてみると、「認知システム」の枠内での①「知っている・できる」②「わかる」③「使える」という観点で知識教育を捉えることだ。すなわち、石井がそれを自らの理論的表現で置き換えるように、①「知識の獲得と定着」②「知識の意味理解と洗練」③「知識の有意味な使用と創造」という、三つの層を同時に含む「学びの保障」として仮説提示される「知識の教育」(知育)の問題である。石井が〈「教科する do a subject」授業〉と呼ぶものである。[29] 子どもの思考のプロセスにおいて、知識の役割を正しく評価する、という点が「真正な学力」の形成=教育には不可欠の条件なのであり、[30] 公教育の役割はまさにそこにある。

求められるのは、「人間的成長につながる知(育)の在り方の再考」であり、教師が〈教える〉知識の問題である。それが単なる知育の復権であってはならないのは、グローバル時代における新自由主義的な政策選択下における、いくつかの論点、すなわち、〈学校知育外注〉論にみられる公教育における教育産業の参入、教育による社会経済の階層分化、学習動機と教育評価、ＩＣＴの活用を含む情報知との関連などの諸問題が、深くかかわるからである。学校と社会とのつながりの新たな構築が、公教育の問題として再提起されているといえよう。そのうち、二つの論点について論及しておきたい。

第一に、「世代の平等」（「子どもの世代的権利」という範疇に属する）としての共通教育という、「知識教育」のあり方に関連する教育法規上の規定内容の問題であり、わが国における「普通教育」の完成の放棄という論点に及ぶ。既述のように、学力概念に関する明確な規定が存在しないにもかかわらず、いわゆる「学力の三要素」（中教審ワーキング・グループ、平成二二年三月）が実質的に「資質・能力の育成」へと置き換えられていった事態を紹介した。学校教育法には、改定なった学習指導要領に符合するように、新たに項（三〇条二項）を起こし、そこに「基礎的な知識・技能」「思考力・判断力」「主体的に学習に取り組む態度」として、その内容が明記された（同法第三〇条第二項）。義務教育段階から後期中等教育の教育階梯を貫いて用いられている、従前からある学校教育法における「普通教育」規定にも符合するように、体系的に体裁が整えられたものと理解される。第二九条「義務教育として行われる普通教育のうち基礎的なもの」（小学校）、第四五条「義務教育として行われる普通教育」（中学校）、第五〇条「高度な普通教育及び専門教育」（高等学校）というように。つまりこうして、教育課程の目的規定には、種別的ではあるが普通教育の三つからなる「確かな学力」が整備されたことになる。

しかし、実質的には高校教育の「多様化・柔軟化」の推進の下で「高度な普通教育」は放棄され、「普通教育」は未完成のままに放置されているのが政策上の実態であるといいうる。その点に関しては「高大接続」というテーマの下、大学入試制度改革の議論のなかでその矛盾が認識されていた。佐々木隆生はその点を指摘し、「選抜を目的としない『高大接続テスト』」の政策提言に至るのだが、その提言は政策的に受け入れられなかった。[31] 少なくとも上に述べてきたような共通教育としての知識教育は、「普通教育」という見かけの法規定上の体裁とは異なり、わが国の公教育の現状では「権利としての普通教育」は実現されてはいない。

次に第二の論点であるが、学校が知識教育の機関として存在しうるのかどうか、という点で、わが国の公教育のゆくえに予期される大いなる危惧である。これには教育のICT化の流れをも背景にした今日的な論点になるが、学力保障という点で、コンピテンシー・ベースの学力観に起因する教育の階層化の助長という点からも、懸念材料が絶えない。学校は、もはや知識の伝達機能を担うことを放棄するのだろうか。

実は、一九九〇年代に経済同友会が提起した「合校」論でさえ、知育の民間委託論をメイン・ストリームにしてはいない。公教育の解体をも視野に置く、この「学校スリム化」論の提言「学校から『合校』へ」は、公営の「学校」を「基礎・基本教室」として位置づけ、周辺に「自由教室」と「体験教室」(二つの民営)を配置し、三つの「教室」ネットワークを構想したものであった。[32] 知識教育の現場を既存の公営学校機能へ委ねつつ、地域社会の教育資源の活用・民活によってそれを補完し、既存の学校教育の領域の縮小を企てたというのがその構想の特徴であった。これは、学校五日制の完全実施という流れでのエポックメイキングな提言だったが、もちろん当時においても、民活＝教育の市場化論は、スリム化された（既存の）学校をも標的に置いて論じられる可能性を無視はできないとしても、教育の市場化としての学校のスリム化は、それ自体では直接には知識教育の場としての学校とその機能をターゲットにしたものではなかったと思われる。

だが、それから四半世紀を経た今日の地点においては、知識教育そのものの舞台としての学校が、民活介入のターゲットへと拡大している。知育の場としての学校は、すでに巨大なマーケットとして市場化され、学校の教育産業への依存が進んでいるのである。学力診断、学力向上策に加えて、私学などではさらに生徒募集、授業改善、教員研修へのコンサルタント委託が通常化している。こうした実態を踏まえるなら、知識教授という学校の仕事が民営化されない保証はない。さらに、民間事業者であるF社の商品「スタディ・サポート」や「Classi」が、全国の高校の四〇％にまでシェアを拡大している実態を捉えて、「いまや教育産業は公教育に『不可侵』（…かつての文部省のスタンスを指す：鈴木――注）どころか、どっぷりとその内部に『侵食』し、学校における子どもたちの学びの質に影響を及ぼしている」という指摘もある。[33] グローバルに進むコンピテンシー・ベースの学力観による学校改革は、その意味で、新自由主義による教育の公共性の縮減と解体の新たなフェーズと考えることができるかもしれない。共通教育の保障としての「普通教育」の重要性が、かつてなく注目される理由がここにある。

## 二．「学校的能力」としての学力の再考——その限定の意義

以上のように、公教育と学校のゆくえを展望したうえで、著者は、すでに古典的ともいえる勝田守一による学力論と「能力モデル」に今一度立ち返る必要があると考える。それは以下の理由による。何よりも、知識教育の場としての学校に固有な機能を確認するために、勝田は「認識の能力」を中心に置いた。そのうえで「能力の構造」を問題にし、公教育の任務として子どもたちに形成すべき「学校的能力」を概念化しようとしたのである。それは、一九六〇年代初頭、「全国一斉学力テスト」の政策的強制に対抗する論理、教師による教育課程の自主編成運動を励ます問題提起でもあった。学力についての極めて限定的な定義、「成果が可能なように組織された教育内容を、学習して到達した能力」という、一見無味乾燥な定義をその戦略構図の中で理解する必要がある。実際、勝田は別なところでは、本来的には、子どもの学習能力、学習可能性を確かめる方法としての「学力テスト」の必要性を自覚し、次のようにも述べている。

ここでは、学力をテストするという重要な問題には触れられないが、ただ一つつけ加えておきた

いことは、学力の中には学習能力、学習可能性が重要な要因として含まれていないということである。だから、学力テスト（というより正しくは、評価といった方がいい）は、学習可能性を確かめるという方法を含んでいなくてはならない[34]。

本来的な「学校的能力」の評価論の必要が強く意識されているのである。現代の学校が「教科の教授＝学習と自治的諸活動を通しての『人格形成学校』を志向している[35]」という理解を認めたうえで、勝田の学力論になお注目するのは、知識の教育、言い換えれば、このような「認識の能力」の形成機能を、まずは学校という場が優先的に担うべきだとする論拠であり、この主張は、これまでの行論において扱ってきたような見解、すなわち、公教育の解体への批判的視座と共通するものであるからだ。

ところで、その勝田の能力モデルとは、次のようなものであった。①「認識の能力」に主導的な地位を与えつつ、②「労働の能力」、③「社会的能力」、④「感応・表現の能力」という四つの能力を基本要素と押さえ、そのうえでそれらの各能力を「言語能力」と「身体能力」とが媒介的につなげる全体の構造をもつ。私自身はその構造を、カント＝ハーバマスの描くような、人間存在における「三つの世界的構成」、すなわち〈真・善・美〉の対象世界に対応するものとの仮説的解釈を示した[36]。

いうまでもなくそれは、カントの三批判書に対応する世界、〈科学・倫理・芸術〉の諸領域を示す。そして、身体的存在として、かつ象徴的存在として、人間のそれぞれの能力に対応して、〈運動〉と〈言語〉とが置かれている。勝田は、そうした哲学的かつ理論的基礎をもつ「学校的能力」としての学力モデルを提起したが、それが人格的要素、人間の道徳的傾向性にどのような結びつき方をするかについては論じなかった、という批判がなされうる。もっとも素朴に表現すれば「学力と人格」との有機的な関連説明がなされなかったという点であろうが、しかし、目下のコンピテンシー・ベースの学力観をめぐる議論においても、周辺パラダイムの変化こそあれ、この点での本質的な論点に深化があるとは言えない。というより、その点こそが議論の焦点となっている状況に変わりはない。

## 三．普通教育と学力

学力の問題を学校教育という枠組みを意識しつつも、しかしそれとは視角の異なる「普通教育」論という枠組みがありうる。城戸幡太郎の「学力・教養」論は、普通教育という概念との関連をテーマとしている。例えば、「国民的常識を育てる普通教育」[37]という論考において城戸は述べる。普通教育が、「国民的教養」という「考え方の枠組み」を用意しなければならない、と言うのである。言い換えれば、「国民的常識を養うために必要な考え方の枠組み」を形成する課題を負うのが、「普通教育」だとするのである。ここにいう、国民的常識を準備する「教養＝考え方の枠組み」とは、「科学的知識を形成するための知識」であり、同時に「知識を学習させる教育の方法」である、と規定される点が重要である。すなわち、〈学習主体の知識〉が〈知識の教育の方法〉と一体的に発想されているのである。そして、学力論・教養論は、「教育カテゴリー」へと向けられる。「教育カテゴリー」の仮説は、四つの構成カテゴリーからなる。城戸は、それをカントの「認識のカテゴリー」①性質、②分量、③関係、④様相、の四つから構成される「教育カテゴリー」①言語教育、②数学教育、③科学教育、④人間性教育、としている[38]。

学力を知識の教育でなく「知性の教育」として強調しながら、一九七〇年代の民間組織の国民教育研究所の「学力実態調査」にも指導的にかかわり、さらに教育課程編成、カリキュラム開発、そして教師の学力、教授能力、指導力をも視野に収めたその学力・教養論は、後の正則学院高校の校長としての仕事、教育課程の自主編成へとつながっている。くり返すが、ここで注目したいのは、こうした城戸の理論的かつ実践的な営為が、〈学習者にとっての知識〉と〈教育する側から見た知識〉との統一的な視点の学力・教養論を発想していることであり、それが「普通教育」という概念枠組みの下に行われていることの確認の重要性である。

ところで、学力概念の考察を、城戸がカントの認識カテゴリーから導いていったことと、先に筆者が提示した仮説、すなわち勝田の学力＝能力概念のモデルがカント哲学の三批判書にあることの間には、何かしら通底する理論的関心があると思われる。そこには教育の論理を問う、共通の感覚の所在といったものが想像できるのだが、どうだろうか。城戸と勝田の学力概念への接近には、教育実践からの方法の論理、あるいは教育課程自主編成という「教育政策能力」の最前線のロジックがある。

それを裏づけるかのように、両者の共通点について、鈴木秀一・廣川和市は、両者が「能力心理学」研究への接近とともに、カントへの関心・格闘という点を共通点として挙げていることは、大変に興味深い。

わが国の学力論全体のなかでの城戸学力論の位置を問うということは、具体的に城戸学力規定を勝田守一氏の学力規定と比較検討するということを事実上、意味することになるのである。すぐれた学力論を展開した城戸・勝田の「2K」が、その学力概念を構築する前提として、あるいは学力論との有機的連関のもとに、両氏ともほぼ同じ時期に、いずれも「能力心理学」を「前にした」(devant) こと、又、共通遺産として「大文字のK」=カントと格闘したことは、城戸・勝田両氏の共通遺産をさぐる上でも注目されなければならない。[39]

両者の学問的立場、つまり、心理学から教育学へ、哲学から教育学への関心の推移には、共通する何かがある。検討に値するテーマであろう。今後の課題である。

ところでまた、城戸の普通教育論はもともと教育階梯・修学年限（の延長）問題と結びついているが、それを超えた論点をもつ点にも注目すべきであろう。戦後教育改革の論議にまで立ち戻るが、教育刷新委員会の議事録分析の堀尾輝久の論述から、以下の三点に絞って論及しよう。[40]

第一は、「理想から云えば中等普通教育を国民全般に普及する」必要ありとする論点である。この主張は一八歳までの義務教育年限の延長論と結びつくものだが、その趣旨はこうだ。普通教育は、「単に職業的な専門教育」とは別に、「公民としての選挙権を得るまで」「機会均等という立場から」その必要性が説かれていることだ。

第二は、現行憲法第二五条との関係から主張される論点である。「古典的なリベラル・エジュケーション」とは異なり「文化的な最低限度の生活を営む権利を保持する。これが普通教育の目的ではないか」とする城戸の発言だ。普通教育の概念は時代の進歩とともに変化するものであり、「現在においては生産的な面、あるいは生活面においては文化的な国民として、生き得る権利を持つ、主張し得る能力を持つ」という観点から、「中等教育においては技術を主にして教育をして行く、それも普通教育と考えたい」（強調点は堀尾）とする主張内容である。ここには社会の発展・生産力の発展に応じて必要となる「技術の教育」の要素が加味されているのであって、これが第一の論点、公民としての共通教育との対比で主張されているのである。そして、普通教育における「画一的な共通性を否定」している点は注目に値する、と堀尾は評価している。[41] ここで主張される「技術を主にして（の）教育」を、今日に引き付けて考えれば、ICT教育の要求であり、情報リテラシーを含む現代的な知性を意味するだろう。

第三に、城戸の普通教育の構想は、以上からわかるように完成教育として公民の形成を意図したものであり、かつ社会経済の進化に応ずる「技術の教育」をも含むという意味でも、「画一性を否定」する意義を持つ。その普通教育は、義務教育を意味するものではない。この点でも、堀尾が指摘するように、城戸の普通教育の含意は、田中耕太郎（文相）の主張する論理＝「普通教育イコール義務教育」への反論であり、普通教育を義務教育概念へと解消する当時の理論政策傾向に抵抗する議論だった。補足すれば、もともとこの教育刷新委員会特別部会の論議の出発点は、先に原案提示された憲法案第二四条（後の二六条）における第二項「初等教育を受けさせる義務」から「普通教育を受けさせる義務」への変更修正（憲法会議・第九〇帝国議会）に起因する、義務教育と普通教育との関係をめぐるものであった。周知のように、第二六条二項は「すべて国民は、法律の定めるところにより、その保護する子女に普通教育を受けさせる義務を負ふ。義務教育はこれを無償とする。」とされることになったのである。

以上の点から、普通教育の概念的な確認をしておこう。まず、普通教育は、義務教育とは異なること、単なる教育階梯としての学校教育ではなく、公民形成と技術教育をも含む共通教育の完成として構想されていたことである。それにしても、なお、普通教育とは何なのか、という理論的問題が残る。公教育とはいかなる関係を持つのか、旧教育基本法に明記されていた「第六条　学校教育」にいう「法律に定める学校は、公の性質をもつ」との関連である。仮にわれわれが六条の規定を受けてこれを「公教育」と呼ぶにしても、普通教育はそれと同じではない。普通教育はこうして、義務教育でもなく、学校教育でもなく、公教育でもない。だとすればそれは何か。公教育の解体・縮減へとコンピテンシー・ベースの学力政策がとられるなかで、このことの再確認が実践的にも重要な意味をもつ。この問いは、少なくとも未来の主権者たちに保障すべき、「権利としての普通教育」という論点を形成するように思われる。

## 四．「普通教育」の理念と視点

「普通教育論」について、系統的に検討している武田晃二の見地からすれば、「学力とは学校的能力に限定できない」ものだと言うだろう。武田は、「人間を人間として育成する教育」として普通教育を定義づける。そして、「学力」は、「普通教育において求められる能力[42]」と定義づけられる。その意味においてこれを理論化すれば、学力とは、学校を超えた社会全体の国民的事業として形成されるべく、すべての子ども世代に対して保障すべき能力、ということになると思われる。

武田の普通教育論の主張は、憲法第二六条第二項における普通教育概念から導かれるが、何よりもそれは、国民主権原理を根拠とするものである。それは、同上第一項、教育を受ける権利と機会均等原則の規定を根拠とする「基本的人権」としての教育（国民の教育権）とは区別される独自のロジックを持つ。すなわち、「人権としての教育」に対する「国民主権原理としての普通教育」と解される。しかし、普通教育は、戦後教育改革の議論以来、今日以て未完の概念だといってよい。憲法＝教育基本法体制下において、同法とそれを受けた学校教育法において明文化・明示化されるに至っているものの、その内実は未確定な概念なのだ。だが、その精神の部分的表現は戦後期の文部省自身の説明・解説に示唆されているとの判断から、武田は二つの文章をその典拠として紹介している。

「普通教育とは、人たる者にはだれにも共通に且つ先天的に備えており、又これある故に人が人たることを得る精神的、肉体的諸機能を十分に、且つ調和的に発達せしめる目的の教育をいう」（文部省教育法令研究会『教育基本法の解説』、国立書院、一九四七年）、あるいはまた、「教育は人間を人間らしく育てあげることを目的とする」（文部省『新教育指針』、一九四六年）、と。[43]こうした当時の文部省の説明は、容易に推察されるように、教育基本法（一九四七年）前文の「人間の育成」（「個人の尊厳を重んじ、真理と平和を希求する」とする形容詞句を受けた）に照応するものであろう。

だが実際には、学校教育法での規定は、「義務教育として行われる普通教育」（中学校）、「義務教育として行われる普通教育のうち基礎的なもの」（小学校）、そして「高度な普通教育及び専門教育」（高等学校）というように、学校階梯の種別における設置目的および教育課程の目標規定に矮小化されたのである。「初等普通教育」と「高等普通教育」といった「普通教育」を区分する用語法も戦前からの踏襲といえるが、その理論的内実は大変曖昧なものである。「普通教育の完成」は教育階梯においても放棄され、後期中等教育においては高校教育の「多様化・柔軟化」が進められ、「ユニバーサル段階」にある大学・高等教育との接続問題の矛盾が顕在化している。今日の大学入試制度改革の迷走は、「普通教育の完成」の放棄の下で進むコンピテンシー・ベースの学力政策という、新たな要素を纏った矛盾の現れであるとさえいえるだろう。

ところで、普通教育の英訳は何か。わが国の憲法上の第二六条第二項のそれは〈ordinary education〉[44]である。しかし、GHQによる憲法改正案（マッカーサー草案）のそれ（第二四条一項）は、〈free, universal and compulsory education〉とされており、「無償の、普通義務教育を設けなければならない」[45]とされている（なお、外務省仮訳は「無償、普遍的且強制的ナル教育ヲ設立スベシ」である）。このGHQ案に対応させれば、「普通（普遍的）教育」は〈universal education〉ということになる。

しかし、実は日本語自体の問題としても、「普通」と「普遍的」との間にもニュアンスの違いがあり、問題の複雑さが意識される。このように、GHQ案では、明らかに、「無償と普遍的（普通）と強制的（義務）」とは、一体的に規定されており、普通教育のみを取り出しての議論では収まらない問題を含んでいる。英語での置き換えを試みる場合には、他にも〈common education〉や〈general education〉なども考えられ、普通教育に関する含意の確定は難しい。その意味で、普通教育の厳密な定義には本来的に大きな問題が付きまとう。今後の課題である。なお、私自身は、〈common education〉を当てたい。

最後に、武田の普通教育に関する歴史的理解に関わる重要な論点を提示しておこう。わが国における普通教育論義における「排除と誤解」という指摘である。武田は「日本国憲法に示された普通教育条項が、これほどまでに意義深いものであることは、種々の事情もあって、国民に知らされませんでした。種々の理由とは、排除と誤解という言葉で言い表すことができます。[46]」と述べ、第一に「排除」とは戦後の政府・文部省の一貫した、普通教育理念の「忌諱と排除」であり、その総仕上げとしての二〇〇六年一二月の教育基本法「改正」であるとしている。内容的には、「義務教育として行われる普通教育」という規定への「すり替え」であり、普通教育の義務教育への「閉じ込め」である点を挙げている。しかし、武田の国民主権論を原理とする普通教育解釈は、改正基本法への「閉じ込め」にもかかわらず、憲法の理念としての普通教育は生きていると主張するだろう。

第二に、「誤解」とは、戦後民主教育論の「国民教育」概念への傾斜の問題である。端的に、武田は、上原専禄による、「人間教育」への「亜流ヒューマニズム」とする批判の論調を挙げ、それが戦後の教育基本法が前文で掲げる「人間の育成」理念に対する「攻撃」となる「誤解」を指摘するのである。この指摘は、普通教育概念が政治支配の側においても、民間の側にあっても十分な探究と深化が遂げられていない現状を総括して述べられたものであった。

## おわりに

「普通教育」を「世代の平等主義」の教育として把握（概念化）し、それが「子ども（であること）の権利」として保障すべき教育であるとの理解に立って、「子どもの学力（形成）保障」をめぐる理論的枠組みを再考してきた。コンピテンシー・ベースの学力観の浸透の下で進む、公教育の解体・縮減による教育の公共性の形骸化に抵抗するという展望の中で、学校教育の知識＝知性の教育の役割が、子どもの学力保障にとって焦眉の課題となっている。これが、普通教育という古くて新しい視点から本章が検討し、到達した結論である。「古くて新しい」と敢えて表現するのは、改めて未完の概念である「普通教育」の再考を通して上の意義が確認できたからでもある。言い換えれば、普通教育の理念に基づく「世代の平等」としての子どもの学力形成保障は、制度としての「普通教育の完成」という、戦後教育改革の潜在的可能性の今日的な実現課題ともいえる。変化が加速する時代としてのグローバル化時代にあって、新自由主義への抵抗とその廃絶をも展望しうる、公教育の再生と公共性の再構築のための、それは立脚点となる視点でもある。

わが国の一九八〇年代の教育臨調時代の公教育解体論をめぐる思潮配置は、〈財界〉〈文部省〉〈市民〉の三極構造であった。少なくとも文部省は、教育における「公共性」を国家の教育（権力）の側に立って守ろうとし、財界の「教育の規制緩和」論＝「教育の自由化」論への対抗の構図を示していた。つまり、〈市民〉の側という〈第三極〉から見れば、教育の国家統制に抗すると同時に、財界の規制緩和論（公共性の破壊と教育の商品化）との両面を批判しつつ、〈市民〉が〈教育の公共性〉を主張するという構図だった。

ところが上の新自由主義の初期段階の構造（それは「戦後政治の総決算」を標榜する中曽根内閣の臨調・行革路線の一環であった）が変化する。政府＝文部行政の、財界（規制緩和論）への吸収という形で変貌を遂げていった。規制されていた教育産業（塾・民間教育事業者）の参入は、いつの時期からか堰を切ったように拡大し、知識教育をはじめとした学校の教育機能は、「許認可」によって民間事業者に受け渡されていった。背後には、少子化と進学率の上昇、とりわけ高等教育の「ユニバーサル化」、消費としての教育観（受益者負担論の徹底化の帰結としての）、塾産業の増殖と学習の個別化、そしてコンピテンシー・ベースの学力診断とそのデータ・情報の公教育への提供、など一連の「教育の商品化」の浸透・支配がある。その背後で、少なくとも四〇年間に進行したのが、経済グローバリズムの下での国家による新自由主義の進展（経済による国家の吸収）であり、経営管理におけるコンピテンシー・ベースの能力観の浸透が学校教育の再編を促したのである。

今や国家の側が規制緩和を主導する役割を負い、公共部門を潰す「管理者」となり、グローバル企業を「管理・運営者」として参入させる。と同時に、そこに生まれる経済格差への不満と抗議を抑え込むため政府と財界は一枚岩となる。それは、市民生活の全分野に及ぶグローバル産業化の支配による政府の「吸収」の姿でもある。交通、農・林・水産業、水道、医療、福祉、マスメディア、学術、教育という公共的領域である「社会的共通資本」[47]（宇沢弘文）が、民営化と市場化に晒されるとともに、その統制が政府によって強化される。こうして現在の国家・政府は、すでにあらゆる公共部門を市場化と民営化の対象として差し出す。アメリカ合衆国では、食・公衆衛生・医療・福祉・教育・警察・消防・刑務所そして自治体行政までもが、その対象にされていった。[48]近未来の日本では、そうしたことは決して起こらないと、誰が言い切れるだろうか。しかもそれは、アメリカとの従属的な関係構造の下で進行するシナリオになるに違いない。

ところで、先の臨教審の教育自由化論は、いわば、一九四七年教育基本法の「解釈」変更を是としていたものだったが、[49]この間に私たちが経験した二〇〇六年一二月の教育基本法「改正」(法律全部の入れ替えであった)は何であったのか。そこでは「公の性質」が教育から消去され、「国を愛する態度」が書き込まれ、教育行政は一般行政の中に吸収されることで「教育の独立性」が奪われたのだった。教育基本法を一九四七年ヴァージョンに復元し、教育の公共性・公の性質の取り戻しを私たちのアジェンダに書き込む必要がある。日本国憲法に基づく普通教育の理念と視点が、そうした意味からも重要だと痛感するのである。

**注**

[1] 鈴木大裕「結果責任の支配――カリキュラム・スタンダードからパフォーマンス・スタンダードへ」、『世界』特集:学び方改革への視座、岩波書店、二〇一七年三月号、所収。
[2] 同、66頁。
[3] 木村優「二一世紀の知識社会を乗り越える学校と教師」、『教育』、教育科学研究会編、二〇一六年一二月号、所収。
[4] 木村、前掲論文、31頁。
[5] 同、34頁。

［6］溝上慎一。http://smizok.net/education/

［7］石井英真『今求められる学力と学びとは——コンピテンシー・ベースのカリキュラムの光と影』、日本標準ブックレット、二〇一五年、29頁。

［8］同、29〜30頁。

［9］同、39頁。

［10］「国語」の教科は一例にすぎないが、「新テスト」の趣旨とまさに連動するように、「実学」重視の論理を前面に打ち出す「改訂学習指導要領」（一〇年間は変えられない）の、例えば「現代文」（高校二・三年）における「論理国語」と「文学国語」への分割などに起因する、憂慮すべき深刻な「国語」の学力問題の在り処が指摘されている。安藤宏ほか、東京大学文学部広報委員会編『ことばの危機——大学入試改革・教育政策を問う』、集英社新書、二〇二〇年、11頁、参照。

［11］独立行政法人・大学改革支援・学位授与機構『高等教育・質保証システムの概要、日本（第3版）二〇〇九』、15頁。

［12］松下佳代編『〈新しい能力〉は教育を変えるか——学力・リテラシー・コンピテンシー』、ミネルヴァ書房、二〇一〇年初版、二〇一六年7刷、32頁。

［13］同、2頁。

［14］本田由紀『多元化する『能力』と日本社会——ハイパー・メリトクラシー化のなかで』、ＮＴＴ出版、二〇〇五年、参照。

［15］松下佳代編、前掲書、3頁。

［16］本田、前掲書、22頁。

［17］松下編、前掲書、4頁。

［18］同、11頁。

［19］同、32頁。

［20］同、32～33頁。

［21］同、27頁。

［22］高等教育においても、先の「教学マネジメント指針」（中教審・大学分科会、二〇二〇年一月二二日）の冒頭に、そのような表現があり、注目を引いた。それは「教学マネジメント」の「定義」に関わるとしているので重要な規定である。ついでにメモしておこう。「…学修者本位の教育の実現のために大学における時間の構造も『供給者目線』から『学修者目線』へと転換していくという視点が特に重視される必要がある」。

［23］鈴木大裕の指摘をここでも想起しよう。注［1］を参照。

［24］この点で、学校学力の問題は、必然的に「学力と人格の関係」という論点を伴う。松下の「新しい能力」概念を飼いならすとする議論をも受けて、この点に論及する次の論考も参照。佐貫浩「学力と人格をどう結びつけるか――新学習指導要領の『資質・能力』規定と学力論の課題」、季刊『人間と教育』第一〇〇号、民主教育研究所編、旬報社、二〇一八年一二月所収。

［25］フランス教育学会研究懇話会「コンピテンシー・ベースの功罪：日仏における学校の教育実践をどう変えたか」二〇二〇年九月一二日開催における、ステファン・ボネリー／パリ第8大学「コンピテンシー・アプローチはフランスの学校の教育実践をどう変えたか」、『フランス教育学会紀要』第三三号、二〇二一年所収。

［26］伊藤実歩子「オーストリアの場合――PISA以降の学力向上策」、松下佳代編『〈新しい能力〉は教育を変えるか――学力・リテラシー・コンピテンシー』、ミネルヴァ書房、二〇一〇年初版、二〇一六年7刷、所収。

［27］コンラート・パウル・リースマン『反教養の理論――大学改革の錯誤』、斎藤成夫・斎藤直樹訳、法政大学出版局、二〇一七年、74～75頁。

［28］同、23頁。

［29］石井、前掲書、参照。

［30］その観点からして、「教えない」教育＝「自己学習」論が批判の対象になる。コンピテンシー・ベースの学力観は、学校における知識の教育（知育 instruction）の空洞化をもたらすものとして批判されるのである。先述のフランス社会学者の「社会構成主義」批判を思い起こしてほしい。この文脈での「構成主義」への批判のスタンスを考える際、教育の「学習化（learnification）」という点を挙げるガート・ビースタ（Gert J. J. Biesta）の見解は有効だろう。彼は学習論・学びの理論の隆盛傾向に注意を向け、これを「教育の言説における学習化」という表現で的確に捉えているように思われるが、彼がその現象の内に見ているものは、学校における知識教育からの撤退、知育の空洞化傾向であり、「学び方を学ぶ」式の学習論への批判、「内容不問の学習論」、「学びの自己責任論」、さらに踏み込んで言えば、いわばWeb上での自己完結した「外部を知らない知」の傾向に対する批判である。コンピューター・リテラシーが一方において孕む「陥穽」についての指摘といえる。以上をふまえれば、〈知識を「教える」こと〉の意義を、より原理的なレベルにおいて深める必要がある。ここでは教育哲学者・ガート・ビースタが、コンピテンシー・ベースの政策展開を批判的にみて、「コンピテンスを超えて教えること」の必要を説き、次のように言明する一節を引用するに止めよう。

「…教えることと学習の関係を問うことは、教師が応答責任を負うことができるのはどのような点であり、どのような点ではないのかについて、明確な理解を得るのに役立つからである。このことは、現在、政治家や政策立案者がしばしば教師に過大なことを期待しており、なかでも『学習成果』の『生産』という紛らわしい言葉で呼ばれていることに関して教師に過大に期待していることを考えると、喫緊の課題である」。ガート・ビースタ『教えることの再発見』、上野正道監訳、東京大学出版会、二〇一八年、36頁。

［31］佐々木隆生『大学入試改革――高大接続テストによる再生』、北海道大学出版会、二〇一二年、参照。

［32］季刊『教育法』103、特集：経済同友会『学校から「合校」へ』提唱、エイデル研究所、一九九五年。

［33］児美川孝一郎「民間教育事業の公教育への『侵食』の現段階」、季刊『人間と教育』第一〇〇号、民主教育研究所編、旬報社、二〇一八年一二月、35頁。

［34］勝田守一『能力・発達・学習』、国土社、73頁。このような勝田の構えについては、後に示す城戸幡太郎の理論関心との共通点として指摘されるだろう。鈴木・廣川論文（注［39］）は、勝田の同じ部分を引用し、読者に注意を促している。

［35］堀尾輝久「教育の本質と学校の任務」、『講座 日本の教育』第1巻、新日本出版社、一九七六年、98頁。なお、堀尾の認識は、「人間的諸能力を認識能力に還元し、道徳を科学に解消する主知主義的誤りの危険性」を感知する勝田の理解に沿ったものだ。そのうえで、「誤解をおそれずにいえば」と、前置きしつつの「人格形成学校」の指摘であった。

［36］鈴木剛『ペダゴジーの探究――教育の思想を鍛える十四章』、響文社、二〇一二年、155頁。

［37］城戸幡太郎「国民的常識を育てる普通教育」、『別冊国民教育②新学習指導要領読本』、労働旬報社、一九七八年、所収。

［38］同上。以下に詳細を記す。①性質。これは、実在、否定、制限についての考え方としての意味理解とその表現を問題とする「言語（国語）教育」のカテゴリー、②分量。これは、単一、多数、総体についての考え方ついて数量の計算を問題とする「数学教育」のカテゴリー、③関係。これは、原因と結果の関係、部分の交互作用、部分と全体の関係、目的と手段の関係を問題とする「科学教育」のカテゴリー、④様相。これは、可能、現実、必然、蓋然、偶然、突然を問題として、自然観、人生観、世界観、歴史観を問題とする「（人間性）教育」のカテゴリーである。

［39］鈴木秀一・廣川和市「城戸理論における学力概念の検討（その一）」、『北海道大学教育学部紀要』第四三号、

一九八四年二月、8頁。

〔40〕山住正巳・堀尾輝久『教育理念（戦後日本の教育改革2）』、東大出版会、一九七六年、第七章、第二節、第三項「普通教育と義務教育」を参照。

〔41〕同上。

〔42〕武田晃二・増田孝雄『普通教育とは何か』、地歴社、二〇〇八年、27頁。

〔43〕同、6頁。

〔44〕『［英文対訳］日本国憲法をよむ』（ブックス・プラクシス8）、柏書房、一九九三年、32頁。

〔45〕同、101頁。

〔46〕武田、前掲書、9頁。

〔47〕宇沢弘文は、「社会的共通資本の管理・運営」を支える理念を「フィデュシアリー（fiducialy）」の原則にもとづいた信託」としている。「それは、たんなる委託行為を超えて、フィデュシアリーな性格をもつ」。そして、「社会的共通資本の管理を委ねられた機構は、あくまでも独立で自立的な立場に立って、専門的知見にもとづき、職業的規律にしたがって行動し、市民に対して直接的に管理責任を負うものでなければならない。」としている。なんと旧教育基本法の精神に忠実な主張＝理論であろうか。宇沢弘文『社会的共通資本』、岩波新書、二〇一四年（第1刷二〇〇〇年）、23頁。

〔48〕堤未果『㈱貧困大国アメリカ』、岩波新書、二〇一三年。例えば、「企業が立法府を買う」教育ビジネスの展開の事例も報告されている。

〔49〕堀尾輝久『教育基本法はどこへ――理想が現実をきり拓く』、有斐閣新書、一九八六年、4頁。

# 補論——普通教育について（覚書き）

これから述べることは、主に「普通教育」に関する今後の検討方向を考えるための若干の覚書きである。現在考えうるいくつかの論点について記しておきたい。

＊

まず、最初に「包摂と統合」をキーワードとする日本学術会議教育学部会の『提言』[1]にふれる。この『提言』は、公教育の制度的保障として、子どもの学力の階層格差の是正をめざす政策提言として発表されたものであり、わが国の「公教育システム全体の包括性を高めること」を謳い、その理念の根幹に「すべての人に無償の普通教育を」として、憲法的な価値を基調に据えている。その意味でそれは、きわめて重要な文書である思われる。そして同時に、そのタイトルに「普通教育」のタームが選択されている点に改めて注目したい。

『提言』は、一九九〇年代初頭のバブル崩壊以降の格差社会と不平等化の進展、経済的な国際競争力のために目的化する学力向上策の弊害を次のように批判する。それは、「公正」原理を蔑ろにした「卓越性」追求の教育政策——である、と。そして、こうした背景的認識の下に、社会及び教育システムからの排除という現実を、「見える排除」（制度的排除）と「見えない排除」（制度内での排除）の両面から捉え、克服すべき課題として「日本社会のメインストリームから排除されがちな六つのカテゴリー」

を挙げている。すなわち、「不登校の子ども」「外国籍の子ども」「障害のある子ども」「貧困家庭の子ども」「被差別部落の子ども」「周辺化される目立たない子ども」の六つである。個々のカテゴリーについて検討する余裕はないが、ここで全体を貫く法的理念・法的施策の重要な事項として「普通教育」が挙げられている点が重要である。それは日本国憲法第二六条の「義務教育」規定にかかわる。詳細は別の拙稿[2]において論じたところでもあるが、要するに、広範に存在する「不登校の子ども」などの、その「排除」される現実への改革のための法的根拠を『提言』は明らかにしているのである。

この点に関わり興味深いのは、二〇二〇年一一月七日開催のサイバー・シンポジウム『すべての人に無償の普通教育を！――日本学術会議分科会提言からの問題提起[3]』における前川喜平の報告である。「教育機会確保法」の成立過程で、当初の試案（馳試案）に盛り込まれていた「就学義務の特例条項」の多様な可能性とそれが消された経過についてである。

その試案では「不登校の子どもの保護者が『個別学習計画』を作成し、市町村委員会の認定を得れば、その個別学習計画を実施することにより、学校教育法が定める就学義務を履行したものとみなす」（前川）とする内容の就学義務の特例条項が想定されていたという。前川報告は、この法律を「不登校対策と夜間中学に関する文部科学省の姿勢を一八〇度変えた法律」と評価した上で、「義務教育を根本から問い直し、年齢、国籍などにかかわりなく保障されるべき『無償普通教育』として捉え直す契機」として捉える。この点について『提言』も「普通教育」の用語の重要性について触れ、一八歳選挙権と市民教育に言及しつつ以下のように述べるのである。

「…一条校そのものの改革を伴いつつも、その範囲を一条校以外にも拡張し、公教育システム全体の包括性を高めていくことで実現されるべきものである。義務教育という言葉ではとらえられない広がりを持つのが普通教育という言葉なのである」（『提言』、6頁）と。

本書（第7章）でも言及してきたように、戦後の普通教育政策が、後期中等教育を「高度な普通教育及び専門教育」とする目的規定を行う一方で、実質的に「普通教育の完成」を放棄してきた歴史的経過及び制度の実態を問い直す今日的意味は大きい。それは、何よりも学力保障論という観点からも、「学力の二極化」の階層格差という弊害においても、さらに高大接続と入試制度の改革という観点からしても、「普通教育」の再検討を要請するものとなっている。

＊

次に、本書でも参照した「ハイパー・メリトクラシー」の造語者・本田由紀の議論からも、「普通教育」にかかわる論点を取り上げておきたい。それは、高校改革につながるテーマである。わが国の教育政策における「垂直的序列化」を強化してきた中心の一つが、高校教育段階の偏差値輪切りの学校間格差であり、しかもその前提条件となる高等学校の七割を占める「普通科＝ノーマル」とする後期中等教育政策の問題点である。それは「日本型メリトクラシー」を支えてきたものでもあるとしている。今日におけるその状況変化への兆しを捉え、本田は「高校の（学科の）多様化」を提起する。「高校教育の多様化・柔軟化」の政策動向のなかに、一定の改革の契機（二〇一八年、教育再生実行会議「高校改革ワーキング・グループ」等）を見出しつつ、高校改革について五点にわたる具体的提案をしている。[4] そこにみられる改革方向が、すなわち「水平的多様化」という本田のコンセプトである。

その基本的着想の基には、これも彼女の造語になる「柔らかい専門性（flexciability）」がある。高校教育段階での専門教育・職業教育に対する否定的な見方の強さは、とりわけわが国では顕著である。諸外国と比較したとき、「普通科」比率の高さは圧倒的である。そこで本田は、専門（職業科）高校生の職業的レリバンスの高さというデータに注目する。他方で職業的レリバンスの著しい低さを示す高校普通科生徒、同じく大学生のその低さをも比較・考慮してみるとき、そこに重要な問題提起があると見なすのである。さらに、職業科高校生のレリバンスは、職業に関する「知識やスキル」の獲得にとどまらず、「対人能力」に関する自己評価の高さ、という点で注目すべきだとしている。[5]

こうした見方に対して、それは「職業教育主義（vocationalism）」だとみなす評価[6]もあるが、私はもっと積極的な意義を認めたい。本田の見立てが、コンピテンシー論を視野に収めた議論だとすると、もっと違った見方ができるように思う。学校から仕事への移行の困難、あるいは、職業世界や労働市場の不安定化・流動化の強まりを視界に入れるとき、本田のこうした「専門性」の捉え直しは、一つの問題提起となりうるだろう。ユニバーサル段階に達した高等教育の現状に対しても、また「忘れられた」存在としての、わが国の専門高校・職業教育の改革に対しても、さらには「普通教育」自体の問い直しという理論的課題からみても、そこには重要な視点となりうる何かがあるように思う。

ところで、その「柔らかい専門性（flexciability）」とは、〈flexibility〉と〈speciality〉との造語であるが、それは、「特定の専門領域や分野、テーマを入り口ないし切り口としながら、徐々にそれを隣接・関連する領域へと拡張・転換していくことを通じ、より一般的・共通的・普遍的な知識やスキル、あるいはキャリアを身につけていくプロセスを意味している」[7]と説明されているものだった。総じて、本田の問題提起には、高大接続と入試制度改革はもちろん、依然として未解決な大学教育における教養教育と専門教育をめぐる問題状況をも視野に置くとき、教育改革への足掛かりとなる有効な着想が含まれている。「普通教育」の再考にとってもまた、理論的・実践的な意義をもつと思われるのである。

なお、付言しておくなら、本田に依拠し「〈新しい能力〉概念の飼いならし」を志向する松下佳代が、「柔らかい専門性」戦略に対し、批判的にコメントしている点も忘れてはならないだろう。それは第一に、小学校など学校階梯の初期段階には適用できない狭さを持つという指摘であり、第二に、「体系的な知識とスキルに限定する」問題点があるという指摘である。いずれもが検討に値する論点であろう。[8]この批判的論点は、〈新しい能力〉概念の「深さ」（垂直軸）の問題、言い換えれば、「知識」「スキル」を非認知的（情意的・社会的）能力との関連でいかに考えるか、そしてまた、「広さ」（水平軸）の問題としての、能力の「転移（一般領域性）」や「汎用性」をいかに把握するかという問題と強く関連しており、今後の議論の深化のために重要な視点を提起していると思われるのである。

＊

先に述べたように、学術会議の『提言』は、「普通教育」の用語の重要性について論及している。それは、一八歳選挙権と市民教育に言及し述べられたものだった。その上で「義務教育という言葉ではとらえられない広がりを持つのが普通教育という言葉」（6頁）であるとされていたのだが、その先に想定されているのはおそらく「政治教育」であることは想像に難くない。公民教育ないしは市民性育成教育との関連が中心的な主題にある。そしてそれは主権者教育に収斂すべき問題設定の一環であるだろうと思われる。もしそうだとしても、私はむしろ、「普通教育」概念はさらに広い裾野をもつと主張したい。その点について今は措くとして、「政治教育」の意義もまた紛れもなく重要かつ喫緊の課題であることは間違いない。それは、本書第6章が論じた主権者教育の問題であり、同時に、第5章が論じたように、「法の人」としての「子ども」と「世代の自治」に連なる論点を形成するものである。加えて、民法改正に伴って今年、二〇二二年四月にスタートする一八歳成人年齢の実施をも念頭におけば、その課題の重要性はさらに理解できよう。

さて、ここでは、「市民教育としての普通教育へ」とする主張が、竹内常一によってなされていた点を紹介したい。それは一九九〇年代の「学級崩壊」の時代、まさしく「教育することのなりたちがたさ」（竹内）を出発点とする主張であった。個々の成育歴の中で「子どもの人格解体」が進むとき、既に「教室＝学級」はホッブズの「自然状態」を想定することからしか出発できないという現実がある。そのように竹内は、学校教育の情況を認識した上で、次のように書く。

「……これまで学校教育ならびに教師は、子どもの自発性を尊重さえしていれば、必然的に民主的な社会が生まれてくるという予定調和にとらわれて、平和的秩序をもつ社会（集団）を意識的に制作することを実践課題としてこなかったのではないか[9]」と。ルソーの『社会契約論』をさえ引き、社会秩序をつくる権利というものが、自然に由来するものではなく、約束にもとづくもの、との確認を示したうえで、以下のようにもまた述べる。「…市民社会が市場自由主義によって解体され、『自然状態』が子ども社会だけでなく、かれらの関係性さえも破壊していることを考えると、学級を平和的な社会を民主的に制作する実験の場にする試みがいまほど求められているときはない、と。[10]」

「平和的な社会」を「民主的に制作する実験の場」の「試み」が、現実の「学級」に託される。それは、「平和的な国家及び社会の形成者」（「教育基本法」第一条）としての「市民」へと、子どもたちを「教育する」ことである、と真正面から課題設定される。[11]実は、社会は意識的につくられるものであるということ、制作されるものだという「政治思想」を、われわれの戦後教育は生み出してこなかった（少なくとも「疑わしい」と竹内は言い、それは戦争責任の問題にもつながっているものとされているが、今はその点は措く）、というのだ。

いずれにしても「学級崩壊」の現在に限定することなく、戦後の公教育における市民教育・政治教育の質にかかわってそれは言われているものだった。こうして「市民教育としての普通教育」ないし「政治教育としての普通教育」の「創造」が課題とされるのだ。しかしそれが何かについてこの論考の限りでは明らかにはならない。

さて、その点を〈レトリックの問題〉として読み取る、竹内の理解者＝批判者である藤本卓の仕事から接近することが可能だと思われる。戦後教育のなかで、学校教育＝公教育が一貫して回避してきたものこそが「討議」であった、とする論点である。竹内によるレトリックへの言及は、その問題の深部を抉っている、というのだ。『生活指導の理論』所収の「討議の論理と集団の力」において竹内が論じ、断じていた点は以下のようなものだという。藤本の指摘をそのまま引こう。

…竹内は戦後日本の学校教育が「討議」の問題を正当に位置づけていない事実を批判する。「討議」は現実に「集団の機制のちから関係を変革」するものとして扱われず、それを、形式的な特別教育活動に顕著にみられるように「会議のもちかた」に解消したり、ヒューマン・リレーションズやカウンセリングの場合のように「はなしあい」に解消したりしてしまう。前者は、この国の「天皇制的な集団的風土」がもたらす討議不在の伝統を背景としており、後者は、人間関係を「私人」間の関係にくみかえ、現実的・社会的主体性を解体させることで「既成の集団のちから関係への順応」をいっそう強化する役割を果たしている、というのである。[12]

ここで藤本が導こうとする結論は、〈テオリアとしての認識＝理論知〉でなく、〈プラクシスとしての認識＝実践知〉という論点への注意喚起であろう。言い換えれば、学校教育の目標を、「『ロジック』ではなく『レトリック』を通して達成される〝認識[13]〟」へと「移動」させる主張であるといってよい。

竹内の「政治教育としての普通教育」が基底としてもつ理論的装置は、おそらく藤本の指摘する「実践知」の形成の場としての学級の創出であるに違いない。それはまた「訓練論的生活指導」克服の論理――これについては別の機会に改めて論じたいが――でもあったであろう。

こうして、普通教育論議は、教育基本法の規定する政治教育の真の解放へという主張に接近する。おそらく学術会議『提言』の想定する「普通教育」の再評価もそうした地点に照準が定められているものと私は想像する。確かに「政治教育」の捉え返しを「普通教育」の観点から行うことは重要な課題だ。しかし、政治教育＝市民教育は、普通教育の一部に過ぎない、という前提の確認が必要だろう。本書第7章でも若干の考察を行ったように、普通教育の概念自体がいまだ解明されてはいないし、十分な議論さえ行われていない。戦後改革期の教育論議の中で、それにふれていたのは城戸幡太郎であったが、ここでは二つの主張点に限って確認しておこう。

第一は、普通教育は義務教育には還元されない独自の意義をもちうること、特にまずは、義務教育の修学年限の延長、すなわち後期中等教育をも展望して考えられていたことであろう。第二には、普通教育の目的が、憲法第二五条の生存権にかかわっても主張され、時代の要請する生産力や文化水準自体を考慮して、その内容が考えられていたことであろう。「普通」とは教育内容上の画一性を意味してはいなかった。城戸が当時において「技術の教育」をも普通教育の重要な要素としていたことは、その意味で特筆に値することだった。本書第7章で検討したように、堀尾輝久は、戦後改革期の城戸の普通教育論における画一性批判を高く評価している。

関連して、堀尾自身の普通教育についての見解もまた参照に値する。リベラル・アーツに発する教養概念としての歴史的出自と共に、その歴史的変質を被ったものとしての「普通教育」をもその問題圏にしていることである。前者は「分業的人間＝部分人への批判意識」と結びつく人間解放の思想へと繋がること、後者は「画一的・統制的配慮を要請する」概念として機能した事実に、すなわち戦前日本の「普通教育」が、まさに高等教育に対置されることによって、「学問と教育の分離」と「始末をつける教育」観として統治者によって活用された歴史に符合するものだ。前者こそは、「職業は人を分け隔て、教養こそ人々を結びつける」（ランジュバン）とする主張にもとづいて、職業教育に対置された普通教育の思想の方向を示すであろう。堀尾はこのような「普通教育のとらえなおし」を子どもの「学習権を充足させる」ための「教育内容」という枠組みにおいて行っている[14]。

ところで城戸のその後の主張であるが、彼は「国民的常識を育てる」ための「国民的教養＝考え方の枠組み」」の育成という課題を「普通教育」の枠組みとして考えていたのであった。したがって、その枠組み＝「学力」を育てるための教育課程を「知性の教育」としての「教育カテゴリー」として構想しようとしていたのである。そこには、政治教育とは異なる枠組みがある。このことをまず踏まえておきたい。

そして私としては、普通教育について明記された憲法第二六条第二項、「すべて国民は、その子女に普通教育を受けさせる義務を負う」という規定の意義を再確認することを、議論の起点としたい。それは、国民が、ないし社会全体が、子ども世代に対し負うべき「義務」として「教育」を法的に規定したものであり、規定された教育の性格を「普通教育」としたのである。また、その教育、当然それは無償でなければならない、とされた。

武田晃二が夙に主張するように、その規定は人権としての教育（第一項〈教育を受ける権利〉によって導かれうる子どもの学習権）からではなく、国民主権原理から導かれるべきものと考えられる。端的に言えば、「教育の主体」、普通教育を子どもに保障する主体こそが問題の基本に据えられているという理解が重要だと思われる。[15]

「子どもの教育」という一見ボンヤリとした用語法にも、以上のような説明をもってすれば、「普通教育」という思想の含意がそこに伴うはずであり、その「魂」が〈内蔵《チャージ》〉されるのではないだろうか。本書「はしがき」において断っていたように、「ペダゴジー」をとりあえず「子どもの教育」と呼びうるとしたのは、そうした理由にもとづいている。

*

これまで本書では「人間の教育」の意味を、育成すべき〈人間像〉を主に想定して論じてきた。教育基本法における「人間の育成」しかり、ルソーの教育哲学における教育の目標である理性的「人間」（人間という身分）しかり、である。だが今一度立ち止まって考えると、それは問題の一側面でしかないことに気づく。「人間の教育」とは、「人間による教育」でもあるのである。「育成される」その目標＝人間像なのではなくて、「人間がする教育」「人間によって為される教育」という含意の側面がある。つまりは、「教育する主体」としての「人間」が問題となっているのである。くどいようだが、「人のなす業」、すなわち「人為」としての教育それ自体の〈事態〉を意味するのである。

ところでルソーが問題にした、「自然の教育」「事物の教育」「人間の教育」の構造である。三番目のそれは、まさに「人間による教育」「人間がする教育」に他ならなかった。「教育という技術」をいかに考えるかという問題に、その議論は収斂する問題だった。「自然」という指導理念に従うほかない、という点は言うまでもない。しかし、その下で、「事物による教育」（＝経験から学ぶ）ことを介して、私たちはどうしたらよいのか。すなわち「人間がする教育」をルソーは〈art〉として理解してよいのかどうか、を問題とした。〈art〉としての人為なのか、〈art〉ならざる人為なのか、「教育という人為」の論理と可能性の成否が改めて問われることになったのである。[16]

再びわが国の戦後教育改革の出発点に立ち戻ろう。そこで問われた「教育の主体（の不在）」の問題とは、本質的に「憲法制定権力」の問題でもあった。あるいは少なくとも「憲法制定権力」の問題に根底的に繋がる問題であった。この点については、本書第6章で論じた。したがって、先に述べたことがらを再確認すれば、「普通教育」とは、「人間がする教育」、つまるところ、「教育する主体」に帰結する問題なのであり、そして「憲法制定権力」の問題提起と同一の課題を担うものなのである。「教育と政治」、あるいは「ペダゴジーとデモクラシー」の問題とも言い換えられよう。それは本質的に、ルソーの教育哲学が提起している思想の問題圏にある。「子どもの教育」をどうするか、それは、私たち自身に課された〈思想としてのペダゴジー〉の問題に他ならない。

**注**

［1］日本学術会議心理学・教育学委員会 排除・包摂と教育分科会『提言・すべての人に無償の普通教育を——多様な市民の教育システムへの包摂に向けて』、二〇二〇年。

［2］鈴木剛「コンピテンシー・ベースの学力観と知識教育のゆくえ——バーンスティンの〈ペダゴジー〉の社会学理論に論及して」、『北星学園大学教職課程年報』第四号、二〇二一年三月。

ここで［注］として補足しよう。焦点化されるのは「教育機会確保法」（二〇一六年、一二月成立）の意義にかかわる点である。この法律の正式名称は「義務教育の段階における普通教育に相当する教育の機会均等の確保等に関する法律」であるが、そこに「義務教育」「普通教育」「教育の機会均等」という極めて関連性の深い重要な概念が含まれる点に注目したい。そこには憲法第二六条の第一項（「教育を受ける権利」及び「教育の機会均等」）のみならず、第二項における「義務教育」規定と「普通教育」概念の深化という課題が示されているからだ。とりわけ「義務教育」規定（憲法及び教育基本法における）は、学校教育法の「就学義務」規定と同じではないという点、言い換えれば、「義務教育」とは社会・国民による若い世代に対する「教育を受けさせる義務」であり、それが即座に「就学させる＝学校に通学させる義務」を意味しはしない、という点である。よって、厳密には憲法・教育基本法理念の「義務教育」規定と、下位法規である学校教育法の「就学義務」規定との間の、解釈の余地を残す「空隙」ないし「ズレ」の存在が指摘しうるのである。

さらに、いわゆる「一条校」問題がある。学校教育法の第一条に定めのない「学びの場」のケースをいかに認めるのかという現実的な問題である。実際、不登校の子どもの（義務）教育やフリースクールの存在は、現行法では公教育システムから「排除」されているのであるから、その「包摂」がわれわれの自明の課題となる。この点で、『提言』も触れるように、現行の〈義務教育＝就学義務〉とする教育制度の基本構造は、「戦時下の一九四一年に公布された国民学校令」からのものに他ならず、「それ以前には、学校以外の場で義務教育段階の教育を受けることも、例外的であれ認められていた」（『提言』、２頁）という事実に即せば、むしろ現行法の改正こそが急務の課題となる。


［3］主催は、教育学関連学会連絡協議会、共催：日本学術会議心理学・教育学委員会 排除・包摂と教育分科会。

［4］本田由紀『教育は何を評価してきたのか』、岩波新書、二〇二〇年、２１７頁。

［5］本田由紀『軋む社会』、河出文庫、二〇一一年、74頁。

［6］広田照幸『教育は何をなすべきか――能力・職業・市民』、岩波書店、二〇一五年、21頁。

［7］本田、『軋む社会』、79頁。

［8］本書第7章、松下佳代『〈新しい能力〉は教育を変えるか――学力・リテラシー・コンピテンシー』、ミネルヴァ書房、二〇一〇年、参照。

［9］竹内常一「市民としての教育が求められている――「自然状態」を越えて」、『世界』、岩波書店、一九九九年七月号、（特集・学校――「教える」から「学ぶ」へ）、97頁。

［10］竹内、同前。

［11］竹内、同前。

［12］藤本卓「教育のレトリックの方へ」、『藤本 卓 教育論集——〈教育〉〈学習〉〈生活指導〉』、鳥影社、二〇二一年、333頁。

［13］藤本、同前、332頁。

［14］堀尾輝久『現代教育の思想と構造』、岩波書店、一九七一年、329頁。『人権としての教育』、岩波書店、同時代ライブラリー61、一九九一年、181頁。

［15］武田晃二・増田孝雄『普通教育とは何か』、地歴者、二〇〇八年。なお、武田は、暫定的にではあるが、普通教育を「人間を人間として育成する教育」と定義している。本書第7章を参照のこと。

［16］この点については、第1章の注［34］をも参照のこと。

# あとがき

日曜日、「子ども科学電話相談」（NHKラジオ第一）をリアルタイムで楽しく聴く。第一線の科学者・研究者と子どもとの対話である。映像は無く、科学の話のすべてが言葉でなされるのであるから、概念的思考は鍛えられるはずだ。一方は子どもに理解できるように話す、他方は難しい話をわかろうとする、双方の伝達行為の試行錯誤が面白い。とりわけわが家の人気回答者は、植物学者の田中修先生である。「アントシアニン。ちょっと一度言ってみようか？」（関西弁）である。物事を理解するためには「足掛かり」になる概念は必須だから、田中先生は対話相手に「せっかくやから、言ってみようか」と注文する。来た来た、名場面！とつい傾聴してしまうのである。ラジオであっても昨今は、政府見解の垂れ流し＝大本営発表が増えている中で、この番組のような貴重な放送も多い。テレビを観なくなって一〇年、「ラジオの時間」が常態化しているなかで、言葉と音楽に私の生活体験はシフトしている。

私事になるが、誕生日に家人からプレゼントを貰った。カルヴァドスに一冊の本である。カルヴァドスは食後酒にする。ディジェスタションdigestationという言葉をフランスでアフガニスタン人の友人から教えられた。二〇〇六年の一年間、ルーアン大学での在外研究の機会にその味を楽しませてもらったものだ。ノルマンディーの地酒（リンゴのリキュール）である。パリ警視庁警部メグレの好物でもあるが、観光地のオンフルールの土産屋ではいろんな種類が棚に並び、小瓶のセットも売られていた……。

＊

このまま思い出話に浸りたいところだが、贈られた一冊の本、『青森——一九五〇-一九六二、工藤正市写真集』（みすず書房、二〇二一年）の話に移る。

東奥日報社の専属カメラマンであった工藤正市は、二〇一四年に逝去している。娘である工藤加奈子による「父の写真（あとがき）」によれば、遺品整理の過程で、押し入れや天袋から大小の段ボールを発見。そこから「ほぼむき出しのネガフィルムがドドーンと出てきた」という。そのうち三六六枚の写真がこの本に収められている。七〇年ぶりに発見された当時の青森の記憶である。インスタグラムに途中掲載された写真が海外でも注目された。その高い評判もあって一冊の写真集となって出版されたのだ。わたしは東北（秋田）にルーツを持つので、「青森」と聞くとつい反応してしまうのだが、その『青森』のことは知らずにいた。今は亡き赤瀬川原平の影響で、結構写真（機）やモノクロ写真に投資もし、体力も投入した「写真（機）歴」がある。それだから、この度の贈り物には「意表を突かれた」喜びがあった。

さて、わたしは一枚の写真（八〇頁）に見入っていた。小学生くらいの女児が、お母さんからオデコの産毛を剃られている。路地裏だろうか。その一枚、一ページに記憶が蘇ったのだった。オデコの、というより正確には額の生え際である。その毛髪の不完全さは子どもであることの証拠であり、わたしは額の上方の曖昧な、中途半端な毛髪を「消し去りたい」一念で、自ら剃刀を手にした。その写真の一枚で、その記憶が咄嗟に蘇ったのだった。前髪を上げて剃刀を額に当てる「自分」がいる。鏡に映る「顔」——それから優に半世紀以上が過ぎている。

一九五〇年から六二年までに撮られた青森市街地の風景には、何よりも子どもたちの存在感が圧倒的だ。新聞社に通う毎日の徒歩通勤の折のスナップ写真である。工藤正市の覗くファインダーには、自ずと子どもたちの「像」が映り、それがフィルムに「切り取られ」ていった。団塊の世代が溢れていた時代の光景だ。子どもたち、老人たち、若者たち、大人たち、女たち、男たち、そこには日々を共に暮らす人々の会話（津軽コトバ）があり、写真からそれが伝わってくるようだ。写真を観る想像力が掻き立てられる。

＊

一九五五年一二月一四日、わたしは北海道オホーツクの港町に生まれた。祖父は秋田（由利郡西目村）からのホタテ漁の季節労働の末、そこに定住することとなった……。自伝であれば書き継ぐところだが、わたしの誕生日の話である。少年時代からこれまで、他人《ひと》はわたしの生年月日を聞く度に、「討ち入りの日だね」とか「忠臣蔵！」とか「赤穂浪士」とか、何かしら「反応」してくれたものだった。誇張して言えば、それが個人史におけるわたしの存在証明の経験の一部（一瞬一瞬）でもあっただろう。だが最近、「異変」が起きている。若い世代には、「忠臣蔵」や「討ち入り」や「赤穂浪士」自体が分からないのだ、ということが判明した。関心がないというのでなく、その情報＝知識自体を保有していないらしい。

良い文化は伝わるもの、という命題（?）は疑ってみる必要があると思うようになった。忠臣蔵が良い文化なのだ、ということではない。そうではなくて、「文化の分かち伝えとしての教育」（大田堯）の言う、「文化」と「伝え」と「分かち」の関係を、改めて考え直さねばならないと思わされた。

本書でも論及した樋口陽一は、井上ひさしとの対談で言うのである。「世代的な体験によりかかった議論は思考の怠慢」であり、憲法的価値を含めた「文化」の意味、総じて歴史は、「体験だけでは次の世代に継承することができない、（世代的な）体験を経験にまで高めてはじめて継承される――」、そう森有正を引きながら言うのである。今も私たちに切実な課題をそれは投げかけているとする憲法学者の実感であろう（『「日本国憲法」を読み直す』、岩波現代文庫、二〇一四年、253頁）。「世代的体験」を「世代的経験」に加工し直すこと、それはどういう作業なのか、その意味を改めて考えさせられる。容易ではないが避けられない課題である。

＊

本書は、第5章と「補論」を除いて、以下に掲げる初出論文が基になっている。本書掲載にあたり最低限の加筆・修正を施してはいるが、内容的にはほぼ原形をとどめている。一冊の本に「組み立て《モンタージュ》」上がるまでに、学事出版の二井豪氏にお世話になった。ここに記して感謝申し上げる。「私の版画」も日の目を見ることができた。

最後になったが、本書の出版にあたっては、北星学園大学後援会の学術出版補助を得た。改めて深く感謝申し上げる。私の研究成果をこうして一つのかたちにできたのは、勤務校とその後援会の皆様の活動の賜物である。

本書を「子どもの教育」に力を傾けて来た、すべての先人たちに捧げる。

二〇二二年二月　大雪の札幌にて

鈴木　剛

【初出一覧】

第1章　ルソーの教育哲学と「普通教育」——現代教育の必須アイテムを探る：
同名タイトル『北星学園大学教職課程年報』第一号、二〇一八年、三月。

第2章　ペダゴジーと世代——教育学は世代概念をどう扱うか：
同名タイトル、『教育学年報』（教育学の最前線）、世織書房、二〇〇四年、四月。

第3章　「生を制定する」教育——ルジャンドルの「ドグマ人類学」から：
「規範形成と無意識―ルジャンドル理論から見える規範教育論の位相」『日仏教育学会年報』第一九号、二〇一三年、三月。

第4章　「大人」と「子ども」——「偉い」ということの意味：
「子どもにとってモラルとは何か」『愛知教育大学教科教育センター研究報告』第一八号、一九九四年、三月。

第5章　「法の人」としての「子ども」と〈世代の自治〉：
書き下ろし

第6章　「主権者教育」論の陥穽と歴史的思考：
同名タイトル（研究ノート）『北星学園大学文学部北星論集』第五七巻第二号（通巻七一号）、二〇二〇年、三月。

第7章　学力・コンピテンシー・普通教育——変化が加速する時代の公教育の課題：
同名タイトル（研究ノート）『北星学園大学文学部北星論集』第五八巻第二号（通巻七三号）、二〇二一年、三月。

著者略歴

## 鈴木　剛（すずき・つよし）

**北星学園大学文学部教授**

1955年、北海道紋別市生まれ。岩手大学教育学部卒。北海道大学教育学部卒。東京大学大学院教育学研究科博士課程単位取得退学（教育学修士）。日本学術振興会特別研究員、愛知教育大学講師、助教授を経て、2002年より北星学園大学文学部教授。専門は教育思想史・教育哲学。

主著に『ペダゴジーの探究──教育の思想を鍛える十四章』（響文社）ほか。

思想としてのペダゴジー
──普通教育・人間の教育・主権者教育を論じる

2022年3月30日　初版第1刷発行

●著　者 ──── 鈴木　剛
●発行人 ──── 安部 英行
●発行所 ──── 学事出版株式会社
〒101-0021　東京都千代田区外神田2-2-3
☎03-3255-5471
HPアドレス　https://www.gakuji.co.jp

●編集担当 ──── 二井　豪
●デザイン ──── 細川 理恵
●印刷・製本 ──── 瞬報社写真印刷株式会社



ISBN 978-4-7619-2835-3　C3037
Printed in Japan